KB066404

제주 속 건축

일러두기

· 건축물 이름은 공식적으로 사용하는 것을 기준으로 표기했습니다.
· 용어 설명에 건축 관련 용어 뜻풀이를 수록해 내용의 이해를 돕고자 했습니다.
· 외래어는 국립국어원 외래어표기법에 따라 표기했으며, 관례로 굳어진 것은 예외로 두었습니다.
· 도로명주소를 기준으로 표기하되, 도로명주소가 존재하지 않는 건축물은
  지번주소로 수록했습니다. 철거된 건축물은 옛 주소를 기재했습니다.
· 구글 지도로 연결되는 QR코드를 삽입해 길 찾기를 돕고자 했습니다.

제주 속 건축
Architectural Guide, Jeju

2018년 5월 30일 초판 발행 · 2021년 9월 30일 2쇄 발행 · **지은이** 김태일 · **펴낸이** 안미르
기획·진행 문지숙 · **편집** 이영주 우하경 · **편집 도움** 오혜진 박지선 · **디자인** 커브어소시에이츠
디자인 도움 박민수 · **커뮤니케이션** 김봄 · **영업관리** 황아리 · **제작** 스크린그래픽
종이 아르떼 UW 230g/m², 딜라이트 105g/m², 백상지 120g/m²
글꼴 Avenir Next Condensed, SM신중고딕, 아리따 돋움

안그라픽스
주소 우 10881 경기도 파주시 회동길 125-15 · **전화** 031.955.7755 · **팩스** 031.955.7744
이메일 agbook@ag.co.kr · **웹사이트** www.agbook.co.kr · **등록번호** 제2-236(1975.7.7)

© 2018 김태일
이 책의 저작권은 지은이에게 있으며 무단 전재와 복제는 법으로 금지되어 있습니다.
이 책에 수록된 도판은 지은이가 직접 촬영하거나 개별적으로 사용 허가를 얻은 것입니다.
정가는 뒤표지에 있습니다. 잘못된 책은 구입하신 곳에서 교환해드립니다.

ISBN 978.89.7059.952.6(03610)

제주 속 건축

김태일 지음

안그라픽스

제주라는 땅

강순석

제주는 육지와는 전혀 다른 땅이다. "제주는 풍다(風多), 석다(石多)의 도(島, 섬)이다." 옛 문헌은 대부분 이렇게 시작된다. 이렇듯 바람 많고 돌 많은 것이 제주의 특징이다. 제주를 이해할 때 기본적으로 고려해야 하는 것이 '섬 문화'와 '돌 문화'라는 뜻이다. 바람이 많은 것은 섬의 특징을 말하며, 돌(현무암)이 많은 것은 화산의 특징을 가리킨다. 제주는 농사 방식도 육지와 사뭇 다르다. 보리를 파종할 때 돗통시(돼지우리와 변소가 결합된 제주 전통 화장실)에서 만들어진 거름과 보리 씨앗을 섞어 푸석푸석한 화산회토에 뿌린다. 바람과 토양 덕분에 제주만의 독특한 농법이 만들어졌으리라. 이와 같은 견지에서 제주 문화를 생각할 때 그 바탕에 항상 '화산섬'이라는 기반을 두어야 한다. 모든 것이 화산섬이라는 특성과 연관되어 있기 때문이다. 그래서 제주는 육지와 풍토(風土)가 다르다. 다름을 인정하고 "왜 다른가?"를 화산섬과 연관 지어 제주 문화를 이해하기 위해 노력해야 한다. 이것은 제주를 연구하는 데 가장 중요한 요소일 것이다.

제주 곳곳에는 유명 관광지가 분포되어 있다. 삼성혈(三姓穴), 용두암(龍頭岩), 산굼부리, 만장굴(萬丈窟), 성산일출봉(城山日出峰), 천지연(天地淵)폭포, 지삿개 주상절리대, 산방산(山房山), 송악산(松岳山), 수월봉(水月峰) 등이 예로부터 널리 알려진 주요 관광지다. 그중에서도 삼성혈은 삼성신화(三姓神話)의 본향이다. 3개의 구멍에서 고 씨, 양 씨, 부 씨가 탄생했다는 신화다. 3개의 구멍에는 겨울에도 눈이 쌓이지 않는다고 전해진다. 따뜻한 공기가 밖으로 새어 나오는데, 이곳은 지하 동굴과 연결되어 있을 것이다. 이는 선사시대 사람들의 가장 안전한 주거 공간인 동굴을 나타낸다. 한편 용두암은 용암이 굳어진 암석, 산굼부리는 화산 분화구, 만장굴은 용암동굴, 성산일출봉은 바닷속에서 분출한 화산이다. 천지연폭포는 용천수(湧泉水)가 솟아 생성되었고, 지삿개 주상절리대는 용암이 식어 만들어졌다. 산방산은 조면암으로 구성된 용암돔(lava dome)이며, 송악산과 수월봉은 오름의 일종인 수성화산(水性火山)이다.

앞서 언급한 장소들은 화산 활동의 결과물이다. 화산에 대해 알아야만 제주가 어떤 땅인지 정확히 알 수 있다. 현재 제주에서는 살아 움직이는 화산을 볼 수 없다. 그렇기 때문에 우리는 화산에 대해 파악하기 어렵다. 간접적 방식으로나마 화산을 이해하려는 노력이 필요한 이유다.

국내에서 유네스코(UNESCO) 세계자연유산(World Natural Heritage) 지역으로 선정된 곳은 제주가 유일하다. 유네스코가 지정한 제주의 세계자연유산은 무엇을 가리키는가? 한마디로 '화산섬'이다. 그 대상은 한라산(漢拏山)을 비롯해 오름으로 대표되는 작은 화산체다. 오름은 분석구(噴石丘)를 가리키는 단성화산(單成火山)으로 제주에 360여 개나 분포되어 있다. 그야말로 제주는 오름 왕국이다. 한라산 기슭에 옹기종기 자리 잡은 오름은 중산간의 화산경관을 완성한다. 오름 분화구에서 흘러나온 용암은 용암길을 따라 지하에는 용암동굴, 지상에는 곶자왈을 만들었다. 오름을 품은 한라산은 지질학적으로 가치가 있다. 만장굴로 대표되는 거문오름 용암동굴계는 거문오름에서 유출된 용암류가 일련의 용암동굴을 배태(胚胎)했다. 성산일출봉은 화산이 바닷속에서 분출해 수성화산이라 부른다. 이처럼 유네스코 세계자연유산에 지정된 한라산, 거문오름 용암동굴계, 성산일출봉은 화산작용으로 생긴 지질 유산이다.

오름은 제주의 상징이다. 제주 사람은 오름에서 태어나 오름에 묻힌다고 한다. 실제로 오름 분화구에서 불과 연기를 내뿜으며 불꽃놀이와 같은 장관을 연출했던 제주의 화산활동은 1,000여 년 전에도 일어났다. 과거 제주 사람들은 '화산과 같이한 삶'을 살았을 것이다. 화산이 만든 제주의 자연과 문화는 현재까지 끊임없이 이어지고 있다.

강순석
곶자왈공유화재단 상임이사
지질학박사

고난과 아픔의 제주 역사

박찬식

제주 역사는 선사시대를 지나 독립국으로서의 탐라(耽羅) 역사, 고려시대와 조선시대를 거치며 지방에서 변방으로 전락했던 역사, 4·3사건으로 점철된 현대 역사로 이어진다. 이러한 시대 흐름 속에서 제주 사람들은 섬을 둘러싼 외부 세력의 영향에 따라 자율성과 타율성을 두루 경험했다.

제주 역사는 독립국으로 존재했던 탐라시대, 탐라국이 해체한 뒤 중앙 왕조 국가에 지방으로 편입된 고려시대와 조선시대로 나누어 살펴볼 수 있다. 문헌 기록과 고고학적 근거에 따르면 탐라국 성립 시기는 기원 전후로 추정된다. 탐라시대의 제주 역사는 한반도 중심의 시각에서 과감하게 벗어나 동아시아 해양문화권 범주에서 고려해야 할 것이다. 상고(上古)시대 제주는 한반도에 부속된 지방이 아니었다. 한반도뿐만 아니라 중국, 일본과도 대등하게 교역하고 적극적으로 외교 관계를 맺은 독립국이었다.

해양 국가인 탐라국은 1,000년의 수명을 다하고, 1105년(숙종 10년) 한반도의 중앙집권 국가인 고려의 일개 지방으로 전락했다. 고려에 편입된 직후 제주 도민은 끊임없이 중앙정부에 반발하며 여러 차례 민란을 일으켰다. 삼별초(三別抄)가 중앙정부와 원나라(몽골)에 대응해 반란을 일으켜 입도(入島)하자, 일부 제주 사람들은 삼별초를 도와 고려 조정에 대항했다. 삼별초가 진압된 뒤 수십 년간 제주는 몽골의 직할령이 되었고, 섬 곳곳에는 목마장이 설치되었다.

조선 왕조는 고려와 비교되지 않을 정도로 강력한 중앙집권 체제를 이룩했다. 그 때문에 제주는 중앙정부의 변방으로 취급되었다. 당시 제주는 '인물의 고향'이 아닌 '말의 산지'로 더욱 널리 알려졌다. 또한 중앙 정치의 희생자가 귀양 가는 유배지로 인식되었다. 제주 사람들의 대외 관계는 한반도와의 단선적 접촉에 그쳤다. 그러나 이러한 상황에서도 조선 전기 제주 사람들은 바다를 무대로 자유롭게 활동했다. 그러나 조선 중기에 접어들며 제주 도민에게 폐쇄적 상황이 강요되었다. 인조가 집권한 17세기에 내려진 출륙금지령(出陸禁止令)은 19세기 초까지 지속되었다. 무려 200년 동안 제주 사람들은 철저하게 갇힌 삶을 강요당했다. 이와 같은 상황이 계속되자 조선 후기 제주 사람들은 민란을 일으키며 중앙정부에 대한 반감을 강하게 드러냈다.

제주 역사에서 수없이 일어난 저항의 움직임은 탐라국 해체와 때를 같이하여 일어났다. 탐라국 독립에 대한 기대 심리와 집단 감성은 잠복해 있다가 지속적으로 표출되었다. 고려시대의 경우 제주 토착민 양수가 주동한 민란, 정부군을 외면하고 삼별초를 해방군으로 맞이한 사례, 목호란(牧胡亂, 목축하던 몽골인이 일으킨 반란)에 동참했다가 정부 진압군에 몰살당한 사건 등을 들 수 있다. 조선시대의 경우 길운절·소덕유 역모 사건에 제주지역 세력가가 가담한 일, 제주 토호 양제해의 모반을 탐라국 독립 거사로 조작한 사례, 방성칠의 난이 일어났을 때 탐라 왕족 고여송을 왕으로 세우고자 했던 사실 등이 거론된다. 일제강점기에 전개된 아나키즘(anarchism)과 자주운항운동, 공동체의 저항인 제주해녀항일투쟁도 같은 역사적 맥락에서 읽을 수 있다. 1948년 발생한 4·3사건의 집단적 저항과 희생도 그러한 연장선에서 해석이 가능하다.

제주가 바다로 둘러싸인 섬이라는 사실, 지정학적으로 동아시아 중심에 존재한다는 사실 등은 제주의 역사와 제주 도민의 정신을 형성하는 데 결정적 요인으로 작용했을 것이다. 제주는 남방 해양 문화와 북방 대륙 문화의 교차 지점이다. 남방 해양 문화에는 신화, 풍속 등 기층문화(基層文化)가 담겼고, 북방 대륙 문화에는 언어, 문자 등 지배층의 권력이 반영되었다. 상극적 요소의 공존은 선주민과 이주민의 결합 과정을 설명하는 것이다. 이렇듯 역사와 문화를 통해 살펴본 제주 사람들의 정신세계는 완결된 세계관의 형성과 개방성이 결합되어 있다.

박찬식
제주학연구센터 센터장
한국사 전공 문학박사

자연 조경을 간직한
제주 생태계와 건축 문화

송시태

한반도에서 태평양으로 홀로 떨어져 나와 바다 위를 장식한 섬 제주는 아름다운 자연 경관을 간직하고 있다. 그뿐 아니라 저마다의 생명체가 겨울철 북서 계절풍을 이겨내기 위해 힘겨운 사투를 벌인 결과, 독특한 식생 구조의 지역별 생태계가 만들어졌다.

하늘과 맞닿아 은하수를 잡아당길 만큼 높은 한라산의 식생은 해발고도, 지세(地勢) 등의 영향으로 다채로운 식물 분포를 보인다. 해안지대에 아열대식물이 자라는가 하면, 산정에는 고산식물이 분포한다. 한라산을 따라잡기 위해 용솟음치며 부드러운 능선을 만들어낸 360여 개의 오름은 동서남북 방향에 따라 식생 변화가 다양해 제주만의 오름 생태계를 형성했다.

오름을 만들며 화산이 토해낸 용암은 빌레와 곶자왈을 만들었다. 빌레는 편평한 화산암반지대를 뜻하며, 곶자왈은 용암류가 만든 암괴지대로 숲과 더불어 다양한 식생을 이룬다. 화산암반지대를 무리하게 개간하지 않은 빌레는 초지대와 함께 제주 바람에 길을 내준다. 거친 파도와 바람을 견디기 위해 나름의 생존 전략을 펼치며 진화한 사구식물, 암극지식물, 습지식물, 풍충지식물 등이 강인하고 특이한 빌레 생태계를 보여준다. 암반과 돌무더기 위로 거대한 숲을 이룬 곶자왈에는 종가시나무와 때죽나무가 주를 이룬다. 곶자왈 하부는 남방계와 북방계의 양치식물이 공존해 생물 다양성이 높은 원시림이었다. 곶자왈은 제주 사람들의 생존에 반드시 필요한 숲이다. 동식물을 얻는 곳이자 집 짓는 목재를 비롯해 생활 도구, 배와 농기구를 만드는 재료, 연료목으로 사용 가능한 나무 등을 공급하는 지역이었기 때문이다. 삶의 현장 가까이에 자리했던 원시림 곶자왈은 사람의 간섭을 받아 벌채되었고, 종가시나무와 때죽나무가 주를 이룬 맹아림(萌芽林)이 형성되었다. 원시림이 없어진 후 이차적 조성이 이루어진 이차림(二次林)으로 발달한 것이다.

큰 바람은 막지만 작은 바람은 자유로이 드나들게 하는 선인의 지혜가 담긴 돌담도 마찬가지다. 옛 제주 사람들은 원시적 아름다움을 가진 양치식물, 심미적으로 편안함을 제공하는 덩굴식물, 생태계의 원천인 이끼가 자생하는 돌담 생태계를 만들었다. 또한 말과 소를 먹이기 위해 풀을 베고 불을 놓던 제주인은 벵듸(평평하고 넓은 들판)에 방해극상(妨害極相)을 형성했다. 그것으로 잔디, 참억새 군락 등이 주를 이루는 초지대 생태계가 만들어졌다.

좁은 면적에 다양하고 독특한 생태계를 갖춘 제주는 2002년 유네스코 생물권보전지역(Biosphere Reserve)으로 지정되었다. 한라산국립공원, 영천·효돈천 천연보호구역, 섶섬·문섬·범섬 천연보호구역, 서귀포해양도립공원 일대가 핵심 지역이다. 2007년에는 '제주 화산섬과 용암동굴'이 세계자연유산으로 지정되었고, 2010년에는 세계지질공원(Global Geopark)으로 인증되었다. 이것이 계기가 되어 제주특별자치도는 제주를 국제적 관광지로 탈바꿈하기 위해 노력했다. 천연기념물로 지정된 곳들이 세계적 관광지로서 높은 인지도를 얻었다. 제주인의 삶과 밀접한 역사·문화·생태가 어우러진 곶자왈은 포함되지 않았지만, 2014년 세계지질공원 재인증 과정에서 선흘 곶자왈이 추가되었다.

빼어난 자연경관을 간직한 제주에서 이곳 풍토에 맞는 건축물이 무엇인지는 제주 사람들만 알고 있었다. 제주 생태계는 한라산, 오름, 빌레, 곶자왈, 벵듸, 돌담 등을 포함하면서 각각의 영역을 침범하지 않는다. 그러면서도 상호 보완하며 제주만의 자연 조경을 만들어냈다. 제주 사람들은 원시림인 곶자왈에서 경쟁하기보다 생존에 필요한 햇빛, 수분 등을 나누어 쓰는 지혜를 터득했다. 그들은 곶자왈 생태계에서 자기 자리를 지킬 만큼의 터 이상을 탐하지 않는 안정적 공존 시스템에 대해 알게 되었고, 자연스럽게 그 원리는 제주 건축에 도입되었다. 일례로 제주 건축 문화에서 안거리(안채)와 밖거리(바깥채)는 하나의 마당을 공동으로 사용한다. 그러나 부엌을 비롯한 살림살이는 서로의 것을 구분해 쓴다. 이는 부모와 자식 세대가 가까운 거리에 살며 소통하고 관계를 유지하지만, 살림은 분리해 생활의 독립성과 자립성을 전제로 하는 주거 구조다. 이와 같은 제주 건축 문화는 숲의 생태계에 근원을 둔 것으로 해석할 수 있다.

송시태
세화중학교 교장
이학박사

제주 정체성이 담긴 제주 방언

오창명

"어떵ᄒ연 이디ᄁᆞ장 옵디가?"
(어떻게 해서 여기까지 오셨습니까?)
"게메마씸. 어떵 ᄒᆞ단 보난 영 뒈수다."
(그러게요. 어떻게 하다 보니까 이렇게 됐습니다.)

제주에서 쓰는 말은 우리말(국어, 한국어)과 다른 특별한 언어인 듯 생각하는 사람이 많다. 그러나 제주에서 사용하는 말도 분명 우리말이다. 모든 말은 지역과 사회계층에 따라 언어 분화나 변이가 일어나는데, 그것을 '방언'이라 한다. 제주에서 제주 사람이 쓰는 언어가 제주 방언인 것이다. 우리말은 기원적으로 순우리말과 한자말(한자어), 외래어(차용어), 혼종어 등으로 나눌 수 있다. 제주어도 마찬가지다. 제주지역 안에서 변이를 겪거나 전혀 다르게 실현되기도 한다. 이는 일상 어휘뿐만 아니라 건축과 같은 전문 분야에서도 독특하게 나타난다.

일상 어휘

가라ᄆᆞᆯ·가레ᄆᆞᆯ

털이 온통 검은 빛깔의 말은 표준어에서 '가라말·가라마'라고 한다. '가라'는 몽골어 '가라(qara)'에서 비롯되었다. '말'은 고유어이며 '마(馬)'는 한자어이기 때문에 가라말과 가라마는 혼종어라 할 수 있다. 이에 대응하는 제주어로는 '가라ᄆᆞᆯ·가레ᄆᆞᆯ'이 있다. 이들도 혼종어다.

ᄆᆞᆯ, ᄃᆞᆯ, ᄃᆞ리, ᄑᆞ리, ᄒᆞ다

제주어가 독특한 점은 말소리와 어휘가 다른 지역의 말과 많이 다르다는 것이다. 특히 다른 지역에서 사용하지 않는 'ᄋᆞ'가 남아 있는 것이 말소리 측면에서의 차이로 지적된다. 중세국어에서는 'ᄆᆞᆯ(馬, 말)', 'ᄃᆞᆯ(月, 달)', 'ᄃᆞ리(橋·脚, 다리)', 'ᄑᆞ리(蠅, 파리)', 'ᄒᆞ다(爲, 하다)' 등에서 'ᄋᆞ'가 쓰였는데, 이 말들은 표준어에서 '아'로 바뀌었다. 일부 지역에서는 '오'로 바뀌어 실현된다. 그러나 제주에서는 여전히 'ᄋᆞ'로 전해진다. 중세국어의 'ᄋᆞ' 발음을 거의 온전하게 유지하고 있는 것이다.

미깡

표준어 '감귤'이나 '귤'은 제주어로 '미깡'이라 한다. 이것은 일본어 '미깡(ミカン, 밀감)'에서 비롯된 말이다. 표준어에서 '미깡'은 외래어로 인정받지 못하고 있지만, 제주에서는 외래어 수준으로 사용된다.

삼춘

표준어 '삼촌(三寸)'에 대응하는 제주어는 '삼춘'이다. '삼촌'은 한자어에서 온 것이다. 그러나 표준어 '삼촌'은 아버지의 형제를 부르는 말이다. 방계로는 부모와 항렬이 같은 백부모·숙부모 등의 촌수를 뜻한다. 하지만 제주어 '삼춘'은 이러한 의미 외에 '잘 아는 이웃이나 동네 어른'을 뜻하는 말로도 쓰이며, 이들을 높여 이르거나 부를 때도 사용한다. 그러므로 '삼춘'은 표준어 '삼촌'의 뜻에 일대일로 대응하는 것이 아니라 더 많은 의미를 내포하고 있다. 그렇기 때문에 사용할 때 각별히 주의를 기울여야 한다.

아버지·아바지·아부지·아방
어머니·어마니·어무니·어멍

표준어 '아버지'와 '어머니'에 대응하는 제주어에는 각각 '아버지·아바지·아부지'와 '아방', '어머니·어마니·어무니'와 '어멍' 등이 있다. 이들은 모두 순우리말이다. '아버지·아바지·아부지', '어머니·어마니·어무니' 등은 호칭어 및 지칭어에 모두 사용할 수 있다. '아방'과 '어멍'은 가급적 호칭어로 쓰이지 않고 주로 지칭어로 쓰인다. '아방'과 '어멍'이 호칭어로 쓰인 경우는 윗사람이 아랫사람에게 사용할 때다. 아버지가 아기를 낳은 자기 아들을 부르거나 시어머니가 아기를 낳은 자기 며느리를 부를 때, 앞에 아기 이름을 붙여 'ㅇㅇ 아방', 'ㅇㅇ 어멍'이라 표현한다. 그러므로 표준어 '아버지'와 '어머니'에 대응하는 제주어를 함부로 '아방'과 '어멍'이라 해서는 안 된다. 즉 '아방'과 '어멍'이라는 말을 사용할 때는 조심해야 한다.

재열·잴·재·자·자리
물꾸럭·문게·뭉게·돈대
미꼬라지·미꼬레기·도주

표준어 '매미'는 제주에서 '재열·잴·재·자·자리' 등으로 표현된다. '문어'의 제주어는 '물꾸럭·문게·뭉게·돈대' 등이다. '미꾸라지'는 '미꼬라지·미꼬레기·도주' 등으로 실현된다. '도주'는 '미꾸라지'의 일본어 '도조(ドジョウ)'에서 온 말인데도, 일본어로 인식하지 못하는 경우가 많다.

하영 먹읍서

표준어로는 '밥 많이 드세요.'라고 할 것을 경상 방언에서는 '밥 마이 드이소.'라고 하며, 전라 방언에서는 '밥 많이 드쇼.', '밥 많이 잡싸요.'라고 한다. 제주어로는 '밥 하영 먹읍서.'라고 말한다. '하영'의 '하-'는 중세국어 '하-(多·衆, 많다)'에서 이어지는 것으로, 다른 지역에서는 사어(死語)가 되었다. 다른 지역에서는 '밥'의 높임말로 '진지'를 쓰지만, 제주에서는 '진지'라는 표현을 사용하지 않는다.

건축 관련 어휘

거리

집을 세는 단위 '채'에 대응하는 제주어는 '거리'다. '안채'는 '안거리', '바깥채'는 '밖거리', '곁채'는 '모커리'라고 말한다. '한 채'는 '흔 거리', '두 채'는 '두 커리', '세 채'는 '시 커리', '네 채'는 '니 커리'이며, 한 채로 이루어진 집은 '흔거릿집', 두 채로 이루어진 집은 '두커릿집'이라 한다.

고팡·궤팡·안팡·앙팡

물건을 보관하는 공간인 '광'은 제주에서 '고팡·궤팡' 혹은 '안팡·앙팡' 등으로 전해진다. '고팡·궤팡'은 한자어 '고방(庫房)'에서 온 말이고, '안팡·앙팡'은 '안(內)+방(房)'에서 비롯되었다.

구들·구둘

초가의 '방'은 제주어로 '구들·구둘'이라 한다. 방의 크기에 따라 대개 '큰구들·큰구둘'과 '족은구들·족은구둘'로 이루어진다. '구들·구둘'은 '구덩이'를 뜻하는 옛말 '굴(坑 굴 깅, 坎 굴 감)'●에 접사 '-을·울'이 결합해 이루어진 것이다.

굴묵

'아궁이'나 '굴(굴뚝의 옛말)의 입구'에 대응하는 제주어는 '굴묵'이다. 이 단어는 옛말 '굴(卤 굴 충……埈 굴 돌)'●●의 뒤에 고유어 '목'이 덧붙은 것이다. 고유어 '목'의 발음은 이후 자연스럽게 '묵'으로 변했다. 이때의 '굴'은 앞서 언급한 '구들·구둘'과 마찬

가지로, 1527년(중종 22년)의 『훈몽자회(訓蒙字會)』(예산문고본)에서 확인되는 '굴(坑·坎)'에서 유래한 것으로 볼 수 있다.

마리·산방·상방

표준어 '마루'를 제주에서는 '마리' 혹은 '산방·상방' 등으로 표현한다. 이 단어는 지역과 사람에 따라 다르게 쓰인다. '마리'는 고유어 '마루·마로(마루의 옛말)'의 변음이며, '산방·상방'은 한자어에서 온 말이다.

뭇둥

표준어 '문기둥'에 대응하는 제주어는 '뭇둥'이다. '뭇둥'은 〔무뚱·문뚱〕으로 발음된다. 지금은 용어의 의미가 확대되어, 문기둥 외에도 '마루문'이나 마루문의 바로 앞을 가리키는 말로도 쓰인다.

올레

제주에서는 바깥 대문을 포함해 그 안쪽과 바깥쪽 일대를 '올레'라 칭한다. 올레는 '문(門)'을 뜻하는 고유어 '오래'에서 비롯되었다. 1575년(선조 8년)에 간행된 『광주천자문(光州千字文)』과 1576년(선조 9년)에 편찬한 것으로 알려진 『백련초해(百聯抄解)』(도쿄대학 소장본)에 '門'을 '오래 문'이라 하고, 1518년(중종 13년)에 나온 『번역소학(飜譯小學)』에서는 '문오래'로 쓴 것을 확인할 수 있다. 지금은 이 '올레'를 거리에서 마당으로 이어진 좁은 길로만 소개하는 경우가 많은데, 이것은 잘못된 해석이다.

위연·우연·우영·우영팟

표준어 '텃밭'은 제주어 '위연·우연·우영·우영팟' 등으로 실현된다. 일부에서 '우영밧·우영밭'으로 쓰는 경우가 있는데, 실제로 그런 표현은 사용하지 않으니 조심해야 한다.

이문·이문간, 정·정낭

제주어 '이문'은 '바깥 대문'을 뜻한다. '이문'이 설치된 집을 '문간채'라 칭하는데, 제주에서는 '이문간[이문깐]'으로 불린다. 바깥 대문 자리에 '정'을 설치하기도 했다. '정'은 돌로 만든 '정주석', 나무로 만든 '정주목'에 '정낭'을 합친 개념이다. '정낭'은 대문 대신 걸쳐 놓는 굵직한 나무를 뜻한다. 정확한 의미를 모르는 사람들은 '정'을 '정낭'이라 잘못 말하는 경우가 많다. 더욱이 '대문' 역할을 하는 '이문'이 분명히 존재하는데도 "대문·도둑·거지가 없어 제주를 삼무도(三無島)라 했다."는 말이 퍼진 것은 안타깝다.

정지·정제

제주어 '정지·정제'는 부엌을 뜻한다. 한자어 '정주(鼎廚)'에서 유래한 말인 듯하다.

찻방·챗방

'찻방'은 제주 전통 가옥에서 식사 공간을 이르는 말이다. '찻방'의 소리가 변화해 '챗방'으로도 전해진다.

초집

표준어 '초가'에 대응하는 제주어는 '초집'이다. 한자어 '초(草)'에 고유어 '집'이 결합된 형태다.

제주 방언은 제주 사람들의 사상과 사고뿐만 아니라 역사와 문화도 반영한다. 그렇기에 제주 방언이 사라지면 이 섬의 역사와 문화도 흔들릴 것이다. 그와 함께 제주인의 정신도 사상누각(沙上樓閣)처럼 사라질 것이다. 제주의 역사와 문화가 소중하다면, 그것을 품은 제주 방언 역시 제대로 인식하고 말해야 한다.

- 『훈몽자회』(예산문고본) 하:8, 1527
- •• 『훈몽자회』(예산문고본) 중:5, 1527

오창명
제주국제대학교 유아교육과 교수
문학박사

땅이 만든 제주인의 삶과 건축

김태일

푸른 바다에 두둥실 떠 있는 외로운 섬 제주. 과거 변방이었던 제주는 이제 세계자연유산과 문화 자원이 가득한 한국의 보물섬으로 재평가받고 있다. 제주 역사는 외세의 억압과 침탈에 대한 항쟁의 역사였다. 척박하기 그지없는 환경에서 끝없이 자연에 도전하고 적응했던 긴 역사이기도 하다. 이러한 역사를 간직한 땅 제주는 건축적으로 특별함을 지니고 있다. 한라산을 중심에 두고 타원체로 형성된 제주는 지형적·지질적 조건에서 매우 독특한 자연경관을 만든다. 제주 건축은 이 특별한 풍경과 조화를 이루며 구축해온 제주 사람들의 삶인 것이다.

초가(草家), 와가(瓦家) 등 제주 전통건축은 자연에 도전하고 적응하며 구축된 긴 역사의 산물로서 흙과 나무를 집짓기의 재료로 활용했다. 이는 단순한 재료와 구법(構法)으로 지은 '약한 건축'이다. 하지만 제주의 건축은 약하지 않다. 그러한 건축물이 거친 환경에서 버틸 수 있었던 까닭은 돌을 효율적으로 사용했기 때문이다. 그중에서도 바람막이 기능을 가진 올레담, 축담 등은 제주 사람들의 과학적 건축술을 보여주는 예다. 또한 돌은 제주의 문화 풍경을 만드는

주요 자원이다. 제주 전통건축을 특별하게 만드는 그 힘의 원천은 제주 땅에 대한 이해, 오랜 시간에 걸쳐 습득한 생활 공간에 대한 이해, 제주다운 규모에 대한 이해에서 찾아야 한다. 즉 제주 전통건축의 특별함은 지형, 공간, 규모에 있는 것이다. 그렇기 때문에 이러한 요소를 현대적으로 이해하고 수용하려는 노력이 필요하다.

제주 건축은 자의적이든 타의적이든 산업화와 근대화 흐름 안에서 변화했고, 스스로 변화하기 위해 노력했다. 일제강점기에는 제주 전통건축과 다른 새로운 재료 및 형태, 다양한 용도의 건축이 유입되면서 도시 풍경이 점차 변하기 시작했다. 물론 이러한 근대건축은 식민지 지배의 기능과 목적에 따라 도입되었다. 해방이 되자 제주 건축에도 큰 변화가 일어났다.

변화의 움직임은 1961년 5·16군사정변이 발생한 뒤 전개되었다. 1960년대 말부터 본격적으로 관광지 개발이 시작되었고, 제주의 산업 구조가 변화하며 개발이 가속화되었다. 1960–1970년대 제주를 휩쓴 관광지 개발 붐은 제주지역 낙후성 탈피와 지역경제 활성화 측면에서 평가해야 한다. 하지

만 당시 개발의 주체는 제주 도민이 아니었다. 제주 관광지 개발은 중앙정부와 함께 타지역민의 자본이 주도하는 방식으로 진행되었다. 그렇기 때문에 계층 간 괴리감이 심화되었고, 건축적 관점에서도 지역성과 향토성의 상실로 이어졌다.

지역성과 향토성에 대한 자각은 1982년 한국건축가협회 제주지회(현 제주건축가회)가 결성되면서 시작되었다. 행정기관에서도 제주지역 건축 문화 형성을 위한 제도 마련을 추진했다. 이와 같은 민관(民官) 차원의 건축운동을 통해 지역성 표출을 위한 실험적 모색이 이루어졌다. 이 실험에는 제주 고유의 건축 재료인 현무암과 화산석송이(scoria)를 적극 활용했다. 1990년대에 들어서면서 제주 건축계에는 또다시 변화가 일어났다. 전통에 대한 재해석이 이루어진 것은 물론이고, 다채로운 건축 언어가 설계 요소로 적용되었다. 다양한 마감재가 사용되었으며, 이 무렵 제주 건축이 새로워졌다는 긍정적 평가를 받기도 했다.

2000년대에 접어들며 제주 건축의 지역성과 향토성에 대한 논의는 활발하게 전개되지 못하고 있다. 경제 활성화라는 상업 논리에 묻혔기 때문이다. 제주의 도시 모습이 크게 변한 계기는 대규모 집합주택 단지의 조성, 그린벨트(greenbelt) 지역의 해체, 규제 완화에 따른 고층 건물의 등장을 들 수 있다. 1980년대부터 거론된 지역성과 향토성에 대한 논의, 실험적 건축 작업을 통한 시도는 아쉽게도 연속성을 갖지 못했다. 그럼에도 최근 제주 건축의 흐름에는 제주 사회를 변화하게 만들 요인이 잠재되어 있다.

첫 번째 요인은 건축가의 세대교체다. 현재 40-50대 건축가를 중심으로 왕성한 작업이 이루어지고 있다. 이들의 건축 성향도 점차 다양화·다원화되는 추세다. 두 번째 요인은 외국 건축가의 제주 활동이 늘어난 점이다. 세계적 건축가의 작품은 제주 건축을 변화하게 만들 것이다. 그들의 시선을 통해 '제주성(濟州性)'에 대한 재해석이 이루어지기 때문이다. 그와 더불어 공간 해석에 대한 외부 건축가의 시각과 생각도 엿볼 수 있다. 건축 형태, 공간 전개, 재료 사용의 측면에서 제주 건축의 가능성을 발견할 수 있는 환경이 조성된 셈이다. 세 번째 요인은 제주특별자치도를 제주국제자유도시로 개발하려는 움직임이다. 이러한 현상은 거세게 불어오는 중국 자본의 유입과 대규모 개발 계획으로 이어지면서 자연경관 훼손 등의 문제로 나타나고 있다.

지금 제주 건축에는 새로운 고민의 시간이 필요하다. 고유한 건축 문화를 조성하기 위한 패러다임의 전환이 요구되는 시점이다. 제주 건축의 정체성을 단순히 외형적·표피적 관점에서 모색하려는 사고(思考)에서 벗어나, 건축과 공간의 본질적 문제에 초점을 두고 건축 작품을 통해 탐색하려는 실험적 노력이 필요하다.

2018년, 제주대학교 아라캠퍼스에서
김태일

가새(brace) 기둥 상부와 하부를 대각선 방향으로 잇는 경사진 형태의 부재를 일컫는다. 건축물에 가해지는 수평 외력으로 구조물의 모양이 달라지지 않도록 지탱한다.

강대상(講臺床) 종교 건축물에서 말씀을 선포하는 단을 말하며, '강단(講壇)' 또는 '설교단(說敎壇)'이라고도 부른다. 로마 가톨릭에서는 미사를 드리는 단을 '제단(祭壇)' 또는 '제대(祭臺)'라고 칭한다.

경사지붕(sloped roof) 지붕의 2개 면이 'ㅅ'자형으로 경사진 지붕을 이르는 말이다. 경사지붕에서는 지붕의 면과 면이 맞닿은 부분에 용마루가 형성된다.

그리드(grid) 일정한 간격의 격자 형식을 말한다. 건축에서 비례, 규모 등을 정확히 파악하기 위해 설계에 적용하는 단위 척도다.

기단(基壇) 집터를 정하고 반듯하게 다듬은 뒤 터보다 한 층 높게 쌓은 단을 뜻한다. 기단을 만드는 첫 번째 목적은 개개의 초석으로부터 전달되는 건물 하중을 지반에 골고루 전달하기 위한 것이고, 두 번째 목적은 빗물과 지하수 등으로부터 건물을 보호하기 위한 것이며, 세 번째 목적은 건물에 장중함과 위엄성을 부여하기 위한 것이다.

나르텍스(narthex) 교회나 성당 입구에 형성되는 좁고 긴 형태의 현관을 뜻한다. 출입문을 통해 건축물에 진입하면 긴 회랑으로 둘러싸인 외부 공간 형식의 아트리움(atrium)이 나타난다. 이 아트리움에서 나르텍스를 거쳐 내부 공간으로 들어갈 수 있다.

나선계단(螺旋階段) 계단참(階段站) 없이 나선형으로 휘어진 계단이다. 보행의 편의를 위해 마련된 계단참은 없으나, 비좁은 공간에서 상부 공간으로 이동하기에 용이한 형태다.

노출콘크리트(exposed mass concrete) 별도 마감재를 시공하지 않고 콘크리트의 물성을 그대로 드러내는 마감 방식이다.

누마루 집채 안에서 바닥으로부터 일정한 거리를 띄우고 그 위에 널빤지를 깐 곳이 마루다. 누마루는 일반 마루와 달리 다락처럼 높게 만든 것을 뜻한다.

라멘(rahmen) 수직으로 힘을 받는 기둥과 수평으로 힘을 받는 보가 강하게 결합된 구조다.

램프(ramp) 경사를 가진 통로 또는 복도를 지칭한다. '경사로' 혹은 '슬로프웨이(slope way)'라고도 부른다.

루버(louver) 개구부 전면에 폭이 좁은 긴 판을 일정한 간격으로 배열한 것이다. 밖에서는 실내가 들여다보이지 않고, 실내에서는 밖을 내다보는 데 불편하지 않은 것이 특징이다. 채광, 통풍, 환기 등을 위해 사용된다.

막구조(膜構造) 천막을 설치하듯 지붕을 형성하는 구조를 뜻한다. 비닐로 제작된 특수한 막을 이용한다. 경기장, 휴게 시설 등을 만드는 데 적합한 구조다.

매스(mass) 덩어리 또는 양괴(量塊)를 의미한다. 매스는 건축에서 외피를 이루는 덩어리 전체를 말한다.

멀리온(mullion) 창문의 중간 창틀 혹은 문틀로 둘러싸인 부분을 세로로 나눈 중간 선틀을 칭하는 말이다.

모르타르(mortar) 시멘트와 모래를 섞어 물로 혼합한 것이다. 주로 벽돌, 블록, 석재를 접합할 때 사용한다.

모임지붕(hipped roof) 경사진 사면(四面)은 지붕 위에 처마를 가진다. 모임지붕은 건축물 모서리에 형성된 추녀마루가 용마루까지 올라가 모이는 형식의 지붕이다.

목책(木柵) 말뚝을 박아 경계 지은 울타리를 가리킨다. 목책은 임시 방어 공간을 구축하는 데 주로 사용된다.

몰드(mould) 일정한 형태를 갖춘 틀을 일컫는다. 건축에서는 '거푸집'을 의미한다. 몰드는 주로 부드러운 재료를 다지거나 형틀에 넣어 만들 때 활용한다.

물매(slope) 지붕의 경사도를 물매라 한다. 기후에 따라 물매의 정도가 다양하게 나타나 지역건축의 특성을 반영한다.

바른층쌓기 수직 혹은 수평으로 줄눈 간격이 일정하도록 돌을 다듬어 쌓는 방식이다.

박공지붕(gabled roof) 'ㅅ'자형으로 지붕 정수리 부분에서 사면으로 흘러내린 지붕이다. 서로 맞댄 형태라 하여 '맞배지붕'이라 칭한다. 또한 측면의 직각 부위가 경사지붕과 만나 마치 '팔(八)'자 형태를 취한다 하여 '팔작지붕'이라고도 부른다.

보이드(void) 벽면 또는 바닥면의 일부가 뚫려 있어 두 공간이 동선상으로나 시각적으로 관통하도록 처리된 부분을 일컫는다. 건축이나 인테리어에서 즐겨 사용하는 용어다.

뿜칠(spray coat) 고압 공기로 안료를 안개처럼 뿜어 바르는 작업이다. 다른 말로 '분사칠'이라고도 한다.

솔리드(solid) 보이드의 반대 개념으로, 솔리드는 공간이 뚫려 있지 않고 충실하게 채워진 상태를 일컫는다.

수공간(水空間) 연못 혹은 분수처럼 일정한 지역을 물로 채워 조성한 공간이다. 수공간은 건축물의 안과 밖을 풍부하게 만드는 요소다.

수막새 처마 안쪽으로 물의 유입을 막기 위해 기와지붕 끝을 장식하는 것이다. 무늬를 새긴 수키와 끝에 둥글게 모양을 낸 부분을 뜻한다.

수평줄눈(horizontal joint) 줄눈은 타일, 벽돌 등을 쌓거나 붙일 때 재료 사이에 일정한 간격을 두는 것이다. 수직일 때는 수직줄눈, 수평일 때는 수평줄눈이라 한다. 줄눈 간격에 따라 벽면의 이미지가 달라진다.

스플릿 블록(split block) 치장용 콘크리트 블록이다. 블록 표면에 종석이 노출되어 천연석과 같은 질감을 가진다. 내구성이 강한 편이라 외장재로 사용된다.

슬래브(slab) 경사 없이 평평하게 처리된 바닥판을 이른다. 슬래브는 주로 철근콘크리트로 만들어진다.

슬레이트(slate) 지붕의 재료로 사용되는 얇은 석판을 일컫는다.

아세틸렌 가스(acetylene gas) 카바이드(carbide)와 물의 결합으로 발생되는 가스를 뜻한다. 주로 금속을 절단할 때 사용된다.

아치(arch) 2개의 기초 혹은 기둥 위에 석재, 콘크리트 등을 곡선으로 쌓아 올린 구조를 이른다. 벽돌로 쌓은 형식을 '조적 아치'라 하며, 이것이 아치의 기본 형태다.

아트리움(atrium) 고대 로마건축에서 시작된 넓은 마당이다. 열린 공간 주위에 집을 세우면서 마련한 중정을 뜻한다. 최근에는 호텔, 빌딩 등에서 실내 공간을 유리 지붕으로 씌운 형태를 통칭한다.

알루미늄 그릴(aluminum grille) 알루미늄은 일상생활에서 널리 사용되는 경금속 재료다. 알루미늄 그릴은 알루미늄으로 제작된 철망 형태의 건축 자재를 뜻한다.

암막새 암키와와 수키와로 덮은 한옥 지붕의 끝부분을 장식한 기와다. 물이 처마 안쪽으로 들어오는 것을 막기 위해 암키와의 끝을 마무리한 장방형(長方形) 무늬 기와를 말한다.

오픈 조인트(open joint) 외벽에 일정한 크기의 판재를 붙일 때 줄눈을 코킹재(caulking compound)로 메우지 않는 공법을 뜻한다. 의장적 효과뿐만 아니라, 구조체와 외장재 사이에 작은 공간이 확보되어 공기 순환도 가능하다. 이 건축 기법은 특히 결로 및 오염 방지에 효과적이다.

옹벽(擁壁) 토지를 개발하는 과정에서 절토로 발생되는 비탈면을 의미한다. 옹벽은 경사지면이 붕괴하는 것을 예방하기 위해 조성하는 벽을 말한다.

용마루 지붕의 등선이 형성된 곳에서 가장 높은 부분에 생긴 마루를 칭한다. 하나의 꼭지점으로 형성된 모임지붕 구조에는 용마루가 없으며 맞배지붕, 팔작지붕, 우진각지붕 구조에는 용마루가 있다.

우진각지붕(hipped roof) 사면이 경사지붕으로 구성되어 있다. 우진각지붕은 용마루 끝에서 내림마루가 4개의 귀로 이어져 추녀를 형성하는 것이 특징이다.

유로 폼(euro form) 일정한 크기의 강재(鋼材) 틀을 붙인 거푸집 패널(form panel)로 규격화되어 운반 및 보관이 용이하다. 일반 건설 현장에서 널리 사용되는 재료 가운데 하나다.

인방(引枋) 기둥과 기둥 사이 혹은 문과 창의 아래나 위를 가로지르는 나무이며, 영어로는 '크로스피스(crosspiece)'라 부른다. 창, 출입구 등 벽면 개구부 위에 보를 얹으면 자연스럽게 상부의 하중을 받게 되는데, 인방은 이때의 보를 지칭하는 말이다.

장여(長欐) 서까래를 받치기 위해 기둥을 건너지르는 부재를 '도리'라 칭한다. 장여는 도리의 보조재로 사용되며, 도리 밑에서 수평으로 받치는 나무를 이른다.

정초(定礎) '주춧돌을 놓는다'는 의미, 즉 건축물이 준공되었음을 뜻한다.

조닝(zoning) 토지 혹은 건물의 용도, 기능 등을 고려해 일정 구역으로 나누는 것이다. 조닝 기법을 활용하면 공간 사용의 합리성과 체계성을 확보할 수 있다.

조적조(組積造) 석재, 벽돌, 블록 등의 재료를 쌓아 벽을 만드는 건축 구조다.

졸대(wooden lath) 목구조의 벽과 천장 등에 미장하기 위해 사용되는 가늘고 얇은 목재를 뜻한다.

중복도(中複道) 공간과 공간 사이에 위치한 복도를 이르는 말이다. 복도를 사이에 두고 양 옆으로 업무 공간 혹은 주거 공간이 나란히 배열된 형식이다.

징크 패널(zinc panel) 아연 소재로 만들어진 얇은 판상재를 뜻한다. 지붕과 외벽 등에 사용되는 건축 외장 재료다.

첨탑(尖塔) 고딕 성당 건축의 측벽 상단부에 뾰족하게 솟아오른 작은 탑을 뜻한다.

추녀 목조 건축물에서 지붕 형태가 팔작지붕, 우진각지붕, 모임지붕일 경우 각 모서리의 처마는 일정한 각도로 만나게 된다. 추녀는 처마와 처마가 맞닿은 부분에 경계를 이루듯 걸치는 건축 요소다.

측창(側窓) 일정 높이 이상의 벽면에 설치된 창을 일컫는다. 외부 시선을 차단하면서도 내부로 빛을 가져올 때 사용된다. 전시 공간에서 자주 사용되는 창호 기법이다.

캔틸레버(cantilever) 한쪽 끝이 고정되고 다른 끝은 받쳐지지 않은 상태로 되어 있는 외팔보를 뜻한다. 캔틸레버를 통해 공중에 떠 있는 듯한 공간 효과를 기대할 수 있다. 햇빛을 막거나 경쾌하게 보이기 위해 근현대건축에 적용하는 새로운 구조다.

커튼월(curtain wall) 커튼을 치듯 칸막이 구실만 하고, 하중은 거의 받지 않는 장막벽(帳幕壁)이다. 커튼월은 철골 또는 철근콘크리트 구조의 건물 외피 전체를 유리면으로 마감하는 방식을 일컫는다.

코어(core) 사용의 편리성, 시공의 경제성을 고려한 구조적 특징이다. 건축물에서 계단, 엘리베이터, 다용도실 등이 집약된 부분을 지칭하는 말이다.

테시폰(ctesiphon) 바그다드(Baghdad) 인근 크테시폰(Ctesiphon)의 지명에서 비롯된 용어다. 이 지역에서 벽돌로 장식된 아치 천장 구조물이 발견되었는데, 테시폰은 이러한 건축 양식을 지칭하는 것으로 자리 잡았다. 국내에서는 '이시돌식 주택'으로도 부른다.

퇴보 한국 전통건축의 주요 공간인 내진(內陣) 밖으로 기둥(퇴주, 툇기둥)을 세움으로써 형성되는 공간이 퇴칸이다. 퇴보는 기둥 위에 얹는 들보를 뜻하며 '퇴량(退樑)'이라 부른다.

퇴칸 집채의 간살이 밖으로 별도 기둥을 내어 만들어진 외부 공간을 뜻한다. '퇴간(退間)'과 같은 말이며, 내부와 외부를 잇는 중간적 성격을 갖는다.

트러스(truss) 선형으로 생긴 부재를 삼각형의 단위로 계속 이어 만든 구조다. 인장과 압축을 반복하는 힘 전달의 속성으로 교량, 타워 등을 건축할 때 응용된다.

파사드(façade) 건축물의 주된 출입구가 배치된 정면부를 뜻한다. 건물 전체의 인상을 단적으로 나타내기 때문에 파사드의 구성과 의장이 매우 중요하다.

평지붕(flat roof) 지붕의 물매가 거의 없는 평탄한 지붕이다.

포치(porch) 건물의 현관 또는 출입구 바깥쪽에 튀어나와 지붕으로 덮인 부분을 일컫는다.

폴리카보네이트(polycarbonate) 충격 강도와 인장 강도의 균형이 잡힌 고분자 화합물이다. 플라스틱 계열의 건축 재료로 가공이 쉽다. IT 제품, 안전 용품 등 다양한 분야에서 폭넓게 사용되는 고기능성 플라스틱이다.

표고(標高) 바다의 수준면(水準面)에서 지표의 어느 지점까지 이르는 수직 거리를 뜻한다.

필로티(pilotis) 지상에 기둥이나 벽을 세워 건물 전체나 일부를 지표면에서 띄워 지상층을 개방한 구조다. 띄운 지상층은 보행, 주차, 차량 통행 등의 용도로 활용된다. 현대건축에서는 원래 목적뿐만 아니라 멋스럽게 보이기 위해 사용한다.

허튼층쌓기 잘 다듬어지지 않은 돌을 흐트러지게 쌓아 올린 방식이다. 가로와 세로의 줄눈이 일정하지 않으며 '막쌓기'라고도 한다.

참고 문헌

기획재정부,『시사경제용어사전』, 대한민국정부, 2010

김왕직,『알기 쉬운 한국건축 용어사전』, 동녘, 2007

김태일,『제주건축의 맥』, 제주대학교 출판부, 2005

동방디자인 교재개발원,『인테리어 용어사전』, 동방디자인, 2006

박연선,『Color 색채용어사전』, 국립국어원, 예림, 2007

월간미술,『세계미술용어사전』, 월간미술, 1999

장규수,『한류와 아시아류』, 커뮤니케이션북스, 2013

제주도,『제주도민속자료』, 1987

제주시 건축민원과,『제주건축길라잡이』, 제주사람들, 2011

제주시·제주역사문화진흥원,『제주성』, 도서출판 각, 2015

제주특별자치도·제주문화예술재단,『화산섬, 제주문화재 탐방』, 도서출판 광문당, 2009

한국사전연구사 편집부,『미술대사전(용어편)』, 한국사전연구사, 1998

현대건축관련용어편찬위원회,『AR+ 건축용어사전』, 성안당, 2011

두산백과

위키백과

한국민족문화대백과

한국학중앙연구원

서귀포시 서부지역

SEOGWIPO-SI
WEST AREA

아픔을 간직한 변방의 섬,
건축 박물관이 되다

조선시대까지만 해도 그저 한양에서 멀리 떨어진 변방의 땅이었던
제주는 시대 변화에 따라 장소적 가치가 바뀌고 있다. 서귀포시
서부지역이 그러하다. 제주에서는 한라산을 중심으로 산남(山南)과
산북(山北), 즉 서귀포시와 제주시로 구분한다. 한라산 남쪽 아래에
위치해 산남이라 불리는 서귀포시 서부지역, 특히 대정지역은
예로부터 바람이 세고 땅이 거칠어 사람이 살기 어려웠던 곳이다.
그래서 유배의 공간, 항쟁의 공간으로 불린다. 1840-1848년
추사(秋史) 김정희의 유배, 1898년 방성칠의 난, 1901년 이재수의
난이 그 예다. 일제강점기 일본은 이 지역을 중국 침략의 전초기지로
삼아 알뜨르비행장 등 각종 군사기지를 구축했다. 이러한 이유로
서귀포시 서부지역은 조선시대의 유배 문화, 일제강점기와 한국전쟁
시기의 흔적이 고스란히 남겨진 제주의 상징적 공간으로 평가받게
되었다. 이곳에서는 모진 환경에서 피어난 추사의 예술혼과 함께
아름다운 풍경 뒤에 숨겨진 우리 역사의 깊고 짙은 슬픔을 느낄 수
있다. 현재는 이국적 경관에 상업자본이 접목되어 미술관, 박물관,
주거 시설에 이르기까지 국내외 유명 건축가의 작품이 곳곳에 자리
잡았다. 그 덕분에 서귀포시 서부지역 일대는 '건축 박물관'으로
재평가되고 있다.

알뜨르비행장
Altr Airfield

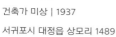

건축가 미상 | 1937
서귀포시 대정읍 상모리 1489

중국과의 전면전을 앞둔 일본은 1926년 모슬포지역에 비행장 건설을 추진했다. 10여 년 동안 공사가 진행되었고, 1937년 40만 평 규모를 지닌 비행장이 되었다. '알뜨르' 라는 이름은 아래를 의미하는 '알'과 들을 의미하는 '뜨르'가 합쳐진 제주어로 '아래에 있는 마을', 즉 해안 마을을 뜻한다. 알뜨르의 반대말은 '웃뜨르'로 '위에 있는 마을', 즉 한라산 인근 마을을 지칭한다. 웃뜨르와 알뜨르 사이의 마을은 '중산간 마을'이라 부른다. 중산간 마을은 표고(標高) 200-600미터에 위치한 것이 특징이다. 이곳은 지형적으로나 지정학적으로 비행장 건설에 적합한 대지였을 것이다.

1937년 중일전쟁이 발발한 뒤 오무라(大村)해군항공기지는 알뜨르비행장으로 이동했다. 군인 2,500명이 주둔했으며 전투기 25기가 배치되었다. 중국 난징(南京)에 본격적으로 폭격이 진행되면서 알뜨르비행장은 중간 기착지 역할을 하게 된다. 그러나 그해 11월 중국 상하이(上海)로 주요 항공대가 이전하면서 이곳은 비행 훈련장으로 사용되었다. 일본의 패색이 점점 짙어지던 1944년 알뜨르비행장 일대는 대대적 방어 태세를 갖춘다. 이른바 결7호작전에 돌입한 것이다. 비행장 규모는 66만 평으로 확장되었고, 격납고를 38기로 늘리는 공사가 시행되었으며, 송악산 인근의 요새화 작업까지 이루어졌다. 70년 넘는 세월이 흐른 지금까지도 격납고 20기 건축 당시의 거푸집 흔적이 남아 있다. 작전 지휘 및 회의 공간으로 사용했을 것이라 추정되는 지하 벙커 지휘소, 관제탑과 활주로의 자취도 여전히 존재해 일제강점기의 아픈 역사를 느낄 수 있다. 대규모 전적지가 보존된 사례는 일본에서도 찾아보기 어려워 알뜨르비행장은 역사적으로 매우 귀중하다. 반면 이곳은 일제강점기 당시 제주 도민의 생활 터전을 보상 없이 몰수했을 뿐만 아니라, 그들을 동원해 건설한 식민지 지배의 전형적 상징물이기도 하다. 해방 이후에도 알뜨르비행장 토지 소유권은 원소유자에게 반환 조치되지 않고 국방부로 이전되어 현재 공군에서 관리한다.

남제주 강병대교회

Gangbyeongdae Church

건축가 미상 | 1952

서귀포시 대정읍 상모대서로 43-3(상모리)

1950년 한국전쟁 발발 이후 제주 곳곳에 군인 양성을 위한 훈련소가 설치되었다. 대구에 창설된 제25연대가 1951년 모슬포 지역으로 이동하면서 육군 제1훈련소라는 이름으로 정식 출범했다. 당시 제1훈련소 장도영 소장은 장병들의 정신력 강화를 위해 남제주군 대정읍 상모리에 강병대교회를 건립했다. 목조 트러스(truss)에 슬레이트(slate)를 얹은 조적조(組積造) 건축

물이다. 강병대교회라는 명칭은 문자 그대로 '강인한 병사를 교육하는 교회'라는 의미다. 1956년 1월 제1훈련소가 해체될 때까지 50만여 명의 신병이 이곳에서 교육을 받았다. 아마 남제주 강병대교회는 이들에게 정신적으로 커다란 힘이 되었을 것이다. 제1훈련소가 해체한 뒤 이곳은 1965년 육군에서 공군으로 관리 권한이 이전되었으며, 1970년 신우고등공민학교로 개교했다가 1982년 폐쇄되었다. 1995년 건물 내부를 전면 보수해 현재까지 공군 제8546부대의 기지교회로 사용하고 있다.

남제주 강병대교회는 당시 교회건축의 양식적 특징을 파악할 수 있을 뿐만 아니라, 한국전쟁과 관련된 건축물로서 역사교육의 측면에서도 가치가 높다. 특히 제주에 남아 있는 국군 사적지 가운데 보존 상태가 양호한 편인 데다, 비교적 건축물의 원형을 유지하고 있어 역사적으로 중요한 의미를 지닌다. 전면 출입구에는 '强兵臺教會'라는 글씨가 적혀 있으며, 후면은 전면과 대조적으로 차분한 입면 형태인 것이 특징이다.

대정현역사자료전시관

Daejeonghyeon History
Exhibition Hall

건축가 미상 | 1955

서귀포시 대정읍 상모대서로 17(상모리)

2005년 등록문화재 제157호로 지정된 근대건축물이다. 옛 대정면사무소는 대정읍 안성리에 위치했으나 모슬포항 개발이 추진되면서 1934년 지금의 위치로 이전했다. 1955년 현무암을 이용한 조적조 건축물로 준공되었다. 입면은 정면 포치(porch)를 중심으로 좌우대칭 형식을 갖춘 전형적 공공건축물이다. 외부 정면에서 바라볼 때 상부 좌우가 약간 안쪽으로 기울어져 시각적 안정감과 함께 세련미를 느낄 수 있다. 바른층쌓기 방식으로 지은 벽체이기에 창은 수직 형태로 설계되었다. 또한 힘을 분산하도록 창의 위아래에 인방(引枋)을 두었다. 내부 계단은 우측에 치우쳐 있고, 복도를 따라 공간이 배치되었다. 1980년까지 청사로 사용되다가 그 뒤에는 보건소로 활용되었고, 현재 대정현역사자료전시관으로 운영 중이다.

옛 해병훈련시설

Former ROK Marine Corps
Training Facility

건축가 미상 | 일제강점기

제주 서귀포시 대정읍 상모리 3306

일제강점기에 중요한 군사적 요충지였던 대정지역에는 알뜨르비행장을 비롯해 고사포(高射砲)진지, 동굴진지 등이 건설되었다. 해방 이후 한국전쟁이 일어나자 육군 제1훈련소의 모체인 제25연대가 1951년 대구에서 모슬포로 이동했고, 그 무렵 각종 군사시설이 제주에 건축되기 시작했다. 옛 해병훈련 시설 역시 제1훈련소 지휘소와 가까운 곳에 있다. 두 건축물 모두 목조 트러스에 외벽을 현무암으로 마감한 구조다. 옛 해병훈련 시설의 내부는 최근 개조가 이루어졌으며, 병사(兵舍)와 함께 남아 있는 세면장이 특이하다. 한국전쟁 당시 해병대 3-4기생 등을 이곳에서 교육했는데, 이들은 인천상륙작전에 참전해 공헌한 바 있다. 이처럼 옛 해병훈련시설은 한국전쟁사에 공적을 남긴 병사를 양성한 군사 유적이다. 2008년 등록문화재 제410호로 지정되었다.

옛 육군 제1훈련소 지휘소
Former ROK Army Training Center Command Post

건축가 미상 | 일제강점기

서귀포시 대정읍 상모리 3370

한국전쟁 당시 낙동강을 중심으로 남북 군사(軍士) 사이에 치열한 전투가 벌어졌다. 긴박한 전황이 연일 계속되자 전선에 내보낼 군인을 훈련할 장소가 급히 필요했다. 1951년 제25연대가 대구에서 모슬포로 이전했고, 이를 계기로 제주에 육군 제1 훈련소가 정식 설치되었다. 제1훈련소가 출범한 뒤 제주 각지에 여러 형태의 군사 훈련 시설이 지어졌다. 80여 개의 병사(兵舍)가 건축되는 등 공사 규모 역시 상당했던 것으로 전해진다. 현재 제1훈련소 정문 지주(支柱)는 서귀포시 대정읍의 상모2교차로 인근에 위치한다. 이를 통해 제1훈련소가 이 부근에 넓게 위치했음을 추정할 수 있다. 그중 옛 육군 제1훈련소 지휘소는 지금까지도 해병대 주둔지에 잘 보존되어 있다. 단순한 형태와 구조의 장방형 건축물이며 중앙 출입구를 중심으로 좌우대칭을 이룬다. 제주의 현무암으로 마감한 외관에서 중후함이 느껴진다. 이러한 외부와 달리 지휘소 내부는 목조 트러스 구조에 비대칭적으로 구획되어 있다. 중앙 복도를 중심으로 좌우에 업무 공간이 배치된 것이 특징이다. 옛 육군 제1훈련소 지휘소는 한국전쟁의 상황을 간접적으로 체험할 수 있는 귀중한 공간이다.

옛 육군 98병원 병동

Former ROK Army
98 Hospital Ward

건축가 미상 | 1952
서귀포시 대정읍 대한로88번길
82-22(하모리)

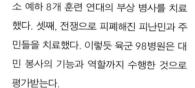

1945년 광복을 맞이했고, 이듬해 국방경비
대가 창설되었다. 국방경비대는 오늘날 국
군의 모체가 되었다. 당시 모슬포지역에는
제9연대가 주둔했는데, 전황에서 유리한 지
리적 여건으로 한국전쟁 발발 이후 제주 곳
곳에 군사 시설이 설치되었다. 현재는 대부
분 철거되어 일부 건축물의 흔적만 남아 있
거나 그 흔적조차 없어졌다. 육군 98병원은
1952년 제주 모슬포지역에 창설된 병원이
다. 처음에는 육군 제1훈련소 아래에 있었
으나 육군본부 소속으로 바뀌었고, 1968년
제28육군병원으로 명칭이 변경되었다. 한
국전쟁 당시 육군 98병원은 세 가지 주요한
역할을 수행했다. 첫째, 전선에서 다쳐 제주
로 후송된 장병을 치료했다. 둘째, 제1훈련

소 예하 8개 훈련 연대의 부상 병사를 치료
했다. 셋째, 전쟁으로 피폐해진 피난민과 주
민들을 치료했다. 이렇듯 육군 98병원은 대
민 봉사의 기능과 역할까지 수행한 것으로
평가받는다.

현재 남아 있는 시설은 당시 육군 98병
원 병동이었던 것으로 추정된다. 이 건축물
은 제주특별자치도교육청이 관리하는 시설
이며, 대정여자고등학교의 다목적 실습 공
간으로 활용되고 있다. 건축물 내부와 외부
의 보존 상태는 상당히 양호한 편이다. 외관
정면에는 기존 벽의 전면(前面)에 별도 구
조물을 설치했다. 내부가 협소한 편이라 우
측에는 철근콘크리트 구조의 증축이 이루
어졌다. 그 외 부분은 벽체를 지탱하기 위
한 돌출 형태의 지지대와 시멘트 모르타르
(mortar)를 바른 제주석 벽면이 옛 모습을
유지하고 있다. 병동으로 사용했던 내부 또
한 당시의 개방된 형식을 유지 중이다. 천장
은 마감재로 가려져 있으나 목재 트러스 구
조가 보존된 상태다. 2017년 등록문화재
제680호로 지정되었다.

대정현성

Daejeonghyeonseong

건축가 미상 | 조선시대

서귀포시 대정읍 보성리, 안성리, 인성리 일대

대정마을은 과거 대정현(大靜縣)이 지방 고을의 중심 공간인 읍치(邑治)였던 것에서 유래한다. 1416년(태종 16년) 제주도안무사(濟州都按撫使) 오식, 판관(判官) 장합 등의 건의에 따라 제주를 세 읍으로 나누었다. 동쪽은 정의현(旌義縣), 서쪽은 대정현, 제주목(濟州牧)은 대촌현을 본읍으로 삼아 현감을 파견했다. 대정현에 위치한 대정현성(大靜縣城)은 사다리꼴의 성(城)이다. 보물 제652-2호 『이형상수고본-탐라순력도

(李衡祥 手稿本-耽羅巡歷圖)』를 보면 대정현성의 구조를 파악할 수 있다. 남문에 들어서면 넓은 마당이 있고, 마당 중앙에는 홍살문이 있다. 그 안쪽으로 남문과 객사를 잇는 문이 있는데, 그 문으로 들어가면 임금을 상징하는 전패(殿牌)를 모신 객사가 있다. 대정현성을 관장했던 현감의 집무 공간인 관아는 객사 서쪽에 위치했다. 현재 대정현성 내부 공간은 'T'자형 도로 체계 탓에 주거 공간이 크게 3개 부분으로 나뉜다. 『이형상수고본-탐라순력도』의 〈대정양로(大靜養老)〉를 보면 동문과 서문의 안팎으로 마을이 형성되었는데, 그중에서도 동문을 중심으로 밀집한 것으로 추측된다.

대정현성의 동문, 서문, 남문 밖에는 돌하르방이 각각 4기씩 설치되어 있다. 성문 앞에 위엄 있게 자리 잡아 수호신의 역할을 한다. 특히 남문에 설치된 돌하르방 2기는 수염, 옷 주름 등이 표현되어 제주 전체의 돌하르방 중에서도 모양이 독특하다. 현재 돌하르방은 제자리를 지키지 못하고 대정현성 내외에 흩어져 있는 상태다.

환태평양평화소공원
Pacific Rim Park, Jeju

제임스 허벨, 카일 버그먼 | 2010
서귀포시 대정읍 상모리 1683-5

제주는 여러 국가와의 정상회담이 자주 열리는 섬이다. 1991년 한·소 정상회담이 열린 뒤 '세계평화의 섬 제주' 지정에 대한 논의가 시작되었다. 2001년 제주평화포럼 개최에 힘입어 2005년 1월 '세계평화의 섬 제주'로 지정되었다. 2006년 2월에는 제주국제평화센터 건립이 마무리되었다. '세계평화의 섬 제주' 프로젝트가 성공을 거두려면 무엇보다 제주 도민 사이에 평화 의식 정착 및 내면화가 필요했다. 이를 위해서는 우선적으로 평화교육이 실시되어야 했다.

한편 미국 비영리단체 환태평양공원재단 (Pacific Rim Park Project)은 환태평양 인접 국가를 중심으로 평화운동과 평화교육을 실천하고자 환태평양평화소공원을 건립하고 있다. 공원 조성 과정에 여러 국가의 학생들이 참여하는 것이 특징이다. 특정 국가가 일방적으로 주도하는 방식이 아니라 다양한 국가가 협력적 관계에서 자유롭게 참여하는 것이다. 이 과정에서 미래 사회를 이끌 청년이 주축을 이루어 행동하는데, 이것이 바로 평화운동의 기본 정신이다. 일제강점기와 한국전쟁의 뼈아픈 흔적이 고스란히 남아 있는 대정지역 알뜨르비행장 해안 끝자락에도 환태평양평화소공원 건립이 추진되었다. 2010년 7월부터 1개월 동안 한국, 일본, 미국, 러시아, 중국, 멕시코 등지에서 학생들이 참여해 제주의 역사와 문화를 이해하고 공원 조성 아이디어를 적극적으로 제안했다. 치열한 논의와 시공을 거쳐 제주에 환태평양평화소공원이 완성되었다. 이 공원은 오름의 형상을 연상시키는 공연 공간, 세계인의 화합을 의미하는 상징 공간으로 구성되어 있다.

제주추사관
Jeju Chusa Hall
승효상 | 2010
서귀포시 대정읍 추사로 44(안성리)

1840년(헌종 6년) 추사 김정희는 조선 후기 문신이었던 윤상도의 옥사에 연루되어 제주로 유배되었다. 추사는 척박하고 고독한 땅 제주에서 무려 8년 3개월의 시간을 보냈다. 이 시기의 추사는 과거 특권층으로 누리며 살았던 생활 방식에서 벗어나 예스러운 멋과 회화적 조형미를 중시하게 되었다. 그렇기 때문에 추사적거지(秋史適居地)는 추사의 새로운 예술 세계가 탄생한 곳으로서 깊은 의미를 지닌다. 현재의 추사적거지는 1984년 복원이 이루어졌다. 추사를 기념하기 위해 2010년 추사적거지 앞에 건립된 제주추사관은 건축가 승효상이 설계했다. 그는 추사의 정신에 맞는 가장 단순한 집을 짓고자 했다.

제주추사관 외관은 〈세한도(歲寒圖)〉 속의 집과 유사하다. 〈세한도〉는 추사의 유배 생활을 상징적으로 담아낸 걸작이다. 잘 알려진 바와 같이 이 그림은 스승과 제자 간의 의리를 지키며 청나라에서 귀한 책을 구해 주었던 역관(譯官) 이상적의 정성에 보답하고자 그린 작품이다. 〈세한도〉에는 허름한 집과 함께 소나무와 잣나무가 그려져 있다. 이는 유배 생활의 고달픔을 은유적으로 묘사한 것이며, 사시사철 푸른 소나무와 잣나

무를 이상적 지조와 인품에 비유한 것이다. 전시관 구조 역시 형식에 얽매이지 않고 극도의 절제미를 추구했던 추사의 삶처럼 단순한 형태로 계획되었다.

승효상은 제주 유배 문화가 형성된 대정현성의 풍경과 장소성을 보존하기 위해 전시 공간 대부분을 지하에 배치했다. 지상에 드러나는 건물을 최소화해, 가급적 지하의 느낌이 들지 않는 전시 공간 설계에 주안점을 두었다. 관람객은 지하로 진입해 전시 공간을 둘러본 뒤 2개 층으로 열려 있는 추사홀을 통해 지상에 올라오게 된다. 추사를 추모하는 공간인 추사홀은 전시관 끝자락에 위치한 장소이자 건축물 뒤쪽 추사적거지로 이어지는 연결 지점이다. 특히 추사홀은 노

출콘크리트 벽체와 천장으로 이루어진 '장식 없는 공간'이다. 이곳을 찾은 사람들이 추사의 예술적 절제미를 공간 자체에서 직접 느낄 수 있도록 설계되었다.

오설록티뮤지엄
Osulloc Tea Museum

김동주 | 2001

서귀포시 안덕면 신화역사로 15(서광리)

고려시대 학자 겸 정치가 김부식이 쓴 『삼국사기(三國史記)』에 따르면 우리 민족은 오래전부터 차를 즐겨 마셨다. 제주에도 여러 다원이 있다. 그중에서도 대규모를 자랑하는 서광다원(西廣茶園)은 1980년부터 조성되었다. 오설록티뮤지엄은 차의 역사와 재배 과정을 이해하고 체험할 수 있도록 종합 문화 공간으로 건축되었다.

서광다원 입구의 나지막한 언덕에 자리 잡은 티뮤지엄은 외부 공간 전체를 조망할 수 있는 경사 진입로를 통해 들어가게 된다. 티뮤지엄은 전체적으로 중정을 둘러싸는 기하학적 느낌이 강한 원형 건축물이다. '차박물관'임에도 이곳에는 큰 규모의 전시 공간이 마련되어 있지 않다. 그렇기 때문에 오히려 홀과 전시 공간, 다점(茶店) 공간이 자

연스럽게 이어진다. 중정은 계절과 빛의 변화를 내부 공간 곳곳에 연결해 시각적으로 풍부함을 갖게 한다. 전시를 보고 휴식 시간을 가진 관람객은 다시 주 출입구의 홀을 통해 전망대에 올라가게 된다. 전망대는 원형의 단순한 입면에 변화를 주는 상징적 공간이다. 이곳에서는 다원의 아름다움과 여유를 느낄 수 있다. 전망대에서 풍경을 감상하는 것이야말로 티뮤지엄의 구석구석을 탐색하는 마지막 과정인 셈이다.

한편 단순히 통과 지점으로 기능하는 장소(place), 관람에 부과하지 않는 입장료(price), 직접 음미할 수 있는 다양한 차 관련 상품(production) 등에 초점을 맞춘 마케팅 전략도 티뮤지엄이 추구하는 가치를 적극적으로 반영한 것이다.

오설록티뮤지엄 티스톤
Osulloc Tea Museum Tea Stone

조민석 | 2012

서귀포시 안덕면 신화역사로 15(서광리)

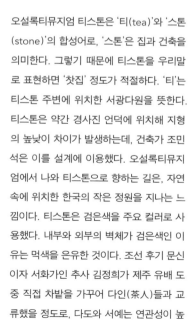

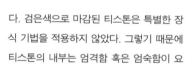

오설록티뮤지엄 티스톤은 '티(tea)'와 '스톤(stone)'의 합성어로, '스톤'은 집과 건축을 의미한다. 그렇기 때문에 티스톤을 우리말로 표현하면 '찻집' 정도가 적절하다. '티'는 티스톤 주변에 위치한 서광다원을 뜻한다. 티스톤은 약간 경사진 언덕에 위치해 지형의 높낮이 차이가 발생하는데, 건축가 조민석은 이를 설계에 이용했다. 오설록티뮤지엄에서 나와 티스톤으로 향하는 길은, 자연속에 위치한 한국의 작은 정원을 지나는 느낌이다. 티스톤은 검은색을 주요 컬러로 사용했다. 내부와 외부의 벽체가 검은색인 이유는 먹색을 은유한 것이다. 조선 후기 문신이자 서화가인 추사 김정희가 제주 유배 도중 직접 차밭을 가꾸어 다인(茶人)들과 교류했을 정도로, 다도와 서예는 연관성이 높

다. 검은색으로 마감된 티스톤은 특별한 장식 기법을 적용하지 않았다. 그렇기 때문에 티스톤의 내부는 엄격함 혹은 엄숙함이 요구되는 절제의 공간으로 받아들여진다.

반면 언덕과 숲을 향해 열려 있는 유리면, 목재로 마감된 천장을 통해 스며드는 햇빛은 검은색의 무거움을 완화시킨다. 그와 더불어 자연과의 교감도 가능하게 한다. 정자에 앉아 자연을 관조하며 차를 즐겼던 옛 모습을 연상하게 하는 풍경이다. 티스톤이 돌과 유리로 구성한 절제된 공간이자 옛 다실을 현대적으로 표현한 공간이라면, 인근에 위치한 이니스프리 제주하우스는 나무와 유리로 구성된 개방적 공간이다. 이는 돌과 나무의 조화와 대립, 내부와 외부의 시각적 소통 기법이 만들어낸 의도된 기획이다.

45

오설록연구소
Osulloc R&D Center

김종규 | 1988

서귀포시 안덕면 신화역사로 36(서광리)

아모레퍼시픽은 1980년부터 서광다원을 비롯해 도순다원(道順茶園), 한남다원(漢南茶園)을 조성했다. 오설록연구소는 서광다원에 위치한 국내 유일의 민간 차 연구기관이다. 과거 서귀포시 안덕면 서광리에 차밭이 있어 서광다원이라는 이름으로 불리기 시작했다. 드넓게 펼쳐진 녹차밭 풍경이 인상적인 이 일대에는 차 관련 연구 시설, 판매 시설, 체험 시설이 집중되어 있다. 특히 이 지역은 녹차 생산으로 유명한 제주의 주요 관광지이기도 하다.

오설록연구소에서는 24만 평 규모의 서광다원에서 생산된 각종 차를 활용해 상품화를 연구한다. 최신 제조 설비 도입과 제품 안전성 향상을 위해 기존 공장의 보수 및 건물 증축 공사가 함께 이루어졌다. 오설록연구소의 공간은 생산·연구·시험 기능을 중심으로 구성되었으며, 여기에 사무 기능이 더해졌다. 외관에 목재를 덧붙이고 지붕은 징크 패널(zinc panel)로 마감해 멀리서 바라보면 제주의 초가를 연상시킨다. 시간의 흐름을 보여주듯 다소 거칠고 빛바랜 목재는 제주의 땅과 색상이 유사하다. 세련미보다 투박하지만 오래된 아름다움이 느껴지는 건축물이다. 특히 완만한 곡면으로 처리된 지붕은 바람에 유연한 제주의 둥근 초가지붕을 떠오르게 한다. 이러한 지붕의 디자인과는 별개로, 금속재료의 특성상 지붕 곡선의 인상과 질감은 한낮의 햇빛인지 저녁의 햇빛인지에 따라 크게 달라진다. 서광다원의 풍경 변화에 따라 오설록연구소의 느낌도 다채롭게 변화한다.

이니스프리 제주하우스

Innisfree Jeju House

조민석 | 2013

서귀포시 안덕면 신화역사로 23(서광리)

제주 자연의 아름다움을 화장품에 담은 이니스프리(Innisfree) 브랜드 체험관이다. 이곳에서는 제품에 어떤 제주산 원료가 사용되었는지 직접 확인할 수 있다. 건축가 조민석이 설계한 이니스프리 제주하우스는 체험관 기능과 건축물 자체의 자연미, 이를 구현하는 구조적 아름다움이 조화를 이룬 것으로 평가받는다. 체험관 외부는 자연주의 브랜드 이미지를 표현하기 위해 제주산 삼나무와 현무암으로 마감했다. 내부는 목재를 결합한 간결하고 열린 구조로 완성되었다. 나무의 느낌이 오름과 녹차밭 풍경을 자연스럽게 유입한다. 많은 관광객이 이니스프리 제주하우스와 인근의 오설록티뮤지엄, 오설록티뮤지엄 티스톤을 방문해 풍부한 제주 자연을 즐긴다.

1990년대 말 제주 건축계에 화두로 떠오른 고급 상업건축 가운데 하나가 하이엔드 리조트 핀크스(PINX)의 골프클럽이었다. 이 골프클럽은 '자연과 인간의 절묘한 조화'라는 건축 개념을 토대로, 핀크스 골프클럽 퍼블릭클럽하우스와 멤버스클럽하우스로 이루어져 있다. 퍼블릭클럽하우스는 중심부의 홀을 핵으로 삼아 좌우에 기능적 공간을 배치했다. 중앙의 타원형 공간은 제주 지형에서 디자인을 착안한 것이다. '21세기를 향한 메시지로서의 건물'이라는 이미지 콘셉트에 부합할 만큼 아름답다. 또한 지역성과 역사성에 대한 새로운 패러다임을 시사하는 건물이라 볼 수 있다.

핀크스 골프클럽 퍼블릭클럽하우스
PINX Golf Club Public Clubhouse

이타미 준 | 1998

서귀포시 안덕면 산록남로 863(상천리)

핀크스 골프클럽 멤버스클럽하우스
PINX Golf Club Members Clubhouse

이타미 준 | 1998

서귀포시 안덕면 산록남로 863(상천리)

건축물의 설계 행위에서는 '대지와의 공존'이나 '환경과의 대화'가 요구되기 마련이다. 건축가 이타미 준(伊丹潤)은 핀크스 골프클럽 클럽하우스 설계 당시 자연과 인간의 절묘한 조화에 초점을 맞췄다. 이처럼 핀크스 골프클럽 멤버스클럽하우스는 낮은 구릉에 반쯤 파묻혀 대지의 편평한 면에 동화(同化)된 형상이다. 수평적 이미지가 강한 지붕 상부의 돌출된 입방체는, 하늘을 비상하는 듯한 건축적 언어 형태를 취하고 있다.

방주교회
Bangju Church

이타미 준 | 2009

서귀포시 안덕면 산록남로762번길 113(상천리)

구약성경 「창세기」에 나오는 '노아의 방주(方舟)'는 노아와 그의 가족, 그리고 지구상의 모든 동물을 살리기 위해 하나님이 노아에게 건조(建造)하라고 명령한 배다. '구원의 배'인 셈이다. 건축가 이타미 준은 방주교회를 통해 믿음의 공간이자 구원의 공간을 상징적으로 표현했다. 건축물의 모습은 그 자체로 노아의 방주를 연상하게 한다. 건물 주변을 둘러싼 수공간(水空間)과 거센 바다를 헤쳐 나가듯 하늘을 향해 치솟은 지붕이 그 의미를 잘 표현한다.

수공간과 지붕의 강렬한 형태뿐만 아니라 건축물로 진입하는 방법 역시 방주를 떠오르게 한다. 주 출입구를 뒤편에 두어 수공간의 좁은 디딤돌을 따라 건축물의 둘레를 돌아서 안으로 들어가게 했다. 주 출입구로 향하는 동안 제주의 푸른 바다와 하늘이 시야에 들어와 마음을 가다듬게 된다. 이는 건축가가 의도한 종교적 길이다. 방주교회 내부의 제단과 신자석(信者席)은 규모가 그리 크지 않다. 바닥을 마주한 작은 창을 통해 빛이 내부로 유입되어 밝으면서도 경건한 느낌이 든다. 외부 마감 재료도 강렬한 메시지를 전달한다. 방주라는 이름을 의식한 듯 벽면은 목재로 마감하고 지붕은 티타늄(titanium)판을 사용해 자연적 질감과 현대적 질감의 대비를 이룬다. 바다 위 방주 이미지를 더욱 극적으로 표현하려는 의도 역시 엿보인다. 지붕에 사용된 티타늄판의 질감을 달리해 시각적 단조로움을 피하고, 날씨의 변화에 따라 다채로운 표정을 연출하도록 했다. 이타미 준이 제주에 남긴 여러 작품 중에서도 방주교회는 포도호텔과 함께 걸작으로 평가받는다.

포도호텔
Podo Hotel

이타미 준 | 2001

서귀포시 안덕면 산록남로 863(상천리)

재일 한국인 건축가 이타미 준은 일본을 중심으로 활동했지만, 제주에서 노년기를 보내며 높은 완성도의 건축 작품을 많이 남겼다. 포도호텔은 그의 대표작 가운데 하나다. 핀크스 리조트의 숙박 시설인 이곳은 26개 객실을 보유한 소규모 호텔이다. 포도호텔의 건축물은 2개 축을 중심으로 대지에 놓이는 것이 기본 형태지만, 지형과 외부의 풍경에 따라 몇몇 그룹으로 세분화되어 독립적 방향을 지향한다. 이러한 배치를 통해 건축물의 구성이 분절되어 크고 작은 공간이 만들어지고, 외부로 향하는 비움의 공간이 자연스레 생겨나게 된다. 이렇게 생성된 공간들은 건축물의 내부를 역동적으로 만드는 원동력이 되기도 한다. 이타미 준은 다양한 형태의 공간에서 하늘, 바람, 햇빛 등 자연의 변화를 느낄 수 있도록 설계했다. 또한 비움의 공간에는 외부 풍경을 담아내고자 했다. 특히 분절된 여러 개의 건축물은 완만한 곡선 지붕으로 마무리되었다. 지붕의 형상이 마치 포도를 눕혀 놓은 모습과 같다 하여 포도호텔이라는 이름이 생겼다.

포도호텔 앞에는 작은 밭의 주변으로 밭담이 조성되어 있다. 이러한 풍경은 멀리 보이는 바다 경관과 조화를 이루며 시각적 풍부함을 더한다. 포도호텔은 뒤편에 자리한 오름과 전면에 펼쳐진 바다 풍경이 절묘하게 어우러진다. 비로소 이타미 준이 제주 땅의 특성을 어떻게 해석하고 건축적으로 대응했는지, 이 건축물을 통해 그의 시선과 태도를 이해할 수 있다.

본태박물관

Bonte Museum

안도 다다오 | 2012

서귀포시 안덕면 산록남로762번길 69(상천리)

본태(本態)는 '본래의 모습'이라는 의미다. 이 말에는 '인간 본래의 아름다움을 추구한다'는 이념이 담겨 있다. 2012년 개관한 본태박물관은 건축가 안도 다다오(安藤忠雄)의 작품이다. 본태박물관은 노출콘크리트가 전하는 강한 건축 언어에 아름다운 풍경이 스며든 공간이다. 그의 콘크리트 기법은 색다른 느낌을 주는데, 잘 다듬어진 표면의 노출콘크리트를 장식하는 것은 안도 다다오풍의 창문과 철제 손잡이 정도다. 이는 단순함과 절제미를 보여주며 때로는 무게감 넘치는 공간으로 표현되기도 한다.

　그러나 안도 다다오는 노출콘크리트의 물성만으로 공간적 깊이를 추구하지 않는다. 빛이라는 자연 요소까지 도입해 노출콘크리트의 물성을 순화하면서도 내부를 포근하게 감싼다. 이처럼 의도된 건축 방식이야말로 안도 다다오의 스타일을 규정짓는 요소다. 기하학적 형태에 물, 바람, 햇빛 등을 끌어들이는 그만의 건축 기법이 뛰어나다.

본태박물관은 3개의 독립된 건축물로 구성된다. 매표소에서부터 주 출입구까지 길게 늘어뜨린 진입 동선이 본태박물관 외부의 핵심 공간이다. 지형에 따라 몇 차례 꺾어지는 진입 동선에서 제주의 사계절을 뚜렷하게 느낄 수 있다. 벽의 둘레를 에워싸고 흐르는 물은 새로운 시청각적 체험 공간으로 기능한다. 공간 구성의 특징은 외부에서 내부로 이어지는 과정에 있다. 2층의 주 출입구에 이르러서는 바다와 산방산의 원풍경(原風景)이 시야에 펼쳐진다.

　본태박물관 내부는 5개의 전시 공간으로 구성되어 있다. 제1관부터 제5관까지 관람객의 동선이 자연스럽게 이어지는 구조다. 제1관에서는 본태박물관이 소장한 한국의 수공예품을 전시하고 있다. 제2관에서는 현대미술 작품 위주의 전시가 이루어지며, 안도 다다오를 위한 특별 공간도 마련되어 있다. 제3관에서는 일본 설치미술가 구사마 야요이(草間彌生) 상설전을 관람할 수 있다. 제4관은 다채로운 기획전으로 꾸려진다. 제5관은 기획특별전을 위한 공간이다. 제1관이 폐쇄성을 강조한 구조라면, 제2관은 시각적으로 개방된 이원적 형태의 구성이라는 점이 독특하다.

대정향교

Daejeong Hyanggyo

건축가 미상 | 1416

서귀포시 안덕면 향교로 165-17(사계리)

향교는 공자와 같은 선현(先賢)을 기리면서 지방 백성의 교육을 담당했던 기관이다. 공간 역시 제의(祭儀) 공간과 학습 공간으로 구분되어 있다. 원래 1416년(태종 16년) 대정현성 안에 건립되었으나, 1653년(효종 4년) '터의 기운이 좋지 않다'는 풍수지리적 이유로 현재의 자리에 옮겨졌다.

대정향교(大靜鄉校)에는 제주향교(濟州鄉校), 정의향교(旌義鄉校)와 구별되는 몇 가지 특징이 있다. 첫째, 주변의 장소적 차별점이다. 바람이 거세고 지형이 험한 대정지역은 오래전부터 유배지로 널리 알려져 있었다. 대정향교가 자리한 장소 역시 단산을 배경으로 바다를 향해 있다. 이는 전학후묘(前學後廟)의 배치 형식이다. 바다를 향한 앞쪽에 학습 공간이, 단산을 배경으로 하는 뒤쪽에 제의 공간이 자리 잡고 있다. 둘째, 대정지역에서 유배 생활을 했던 추사 김정희와 관련된 시설이 있다는 점이다. 대정현성에 유배된 추사가 이곳에서 학생들을

가르쳤다고 전해지며, 학습 공간인 명륜당(明倫堂)에 '의문당(疑問堂)'이라는 글씨를 남겼다고 한다.

현재 대정향교에는 대성전(大成殿)과 명륜당, 그리고 명륜당 전면에 위치하는 동재(東齋), 서재(西齋), 삼문(三門), 협문(夾門) 등이 남아 있다. 제사를 지내는 곳인 대성전은 전면 5칸, 측면 4칸으로 높은 기단(基壇) 위에 있다. 공부하는 곳인 명륜당은 전면 5칸, 측면 2칸으로 전후좌우에 퇴칸이 있다. 전후의 퇴칸은 돌을 놓아 개방했고, 좌우의 퇴칸은 흙바닥이며 수납 공간으로 사용된다. 명륜당과 동재·서재의 낮은 기단, 우진각지붕(hipped roof)의 낮은 물매(slope) 등에서 제주 전통건축의 향토성을 엿볼 수 있다. 오늘날에는 학습 기능이 사라지고, 봄가을에 공자에게 지내는 제사인 석전제(釋奠祭)와 초하루 보름의 제향(祭享) 기능만이 남아 있다. 1971년 제주특별자치도 유형문화재 제4호로 지정되었다.

53

마라도등대

Marado Lighthouse

건축가 미상 | 1915

서귀포시 대정읍 가파리 642

마라도는 지정학적으로 여러 의미를 지닌
다. 국토 최남단에 위치한 섬이라는 점, 동
해와 서해를 잇는 항로의 분기점이라는 점,
2003년 해양과학기지가 건설된 이어도에
서 가장 가까운 한국 영토라는 점 등이다.
1915년 3월 마라도에 등대가 건축되었다.
제주에서는 1906년 3월 우도등대, 1916년
10월 산지등대가 차례로 불을 밝혔다. 처
음에 마라도등대는 우도등대, 산지등대처
럼 벽돌로 지어졌다. 현재의 마라도등대는
1987년 3월 개축되었다. 흰색의 팔각형 구
조로 지어졌으며 등대 높이는 16미터다. 마
라도등대는 1915년 11월부터 무신호(霧信
號)를 보내기 시작했다. 과거 무신호를 보내
는 과정에는 많은 기름이 소모되었다고 한
다. 현재는 최남단 도서지역의 등대라는 점
에서 옛 정취와 낭만을 느낄 수 있다.

가파도 프로젝트

Gapado Project

최욱 | 2018

서귀포시 대정읍 가파리 12

마을 재생 사업의 일환인 가파도(加波島)
프로젝트는 현대카드, 제주특별자치도, 섬
주민의 협력으로 진행되었다. 2012년 시작
되었으며 기존 섬 개발과는 전혀 다른 방식
으로 프로젝트가 전개되었다. 건축가 최욱
이 이끄는 원오원아키텍츠는 가파도 고유의
가치를 지키면서도 섬 개발 패러다임을 전
환하기 위해 지난 6년 동안 부단히 노력했
다. 그렇게 완성된 가파도 프로젝트의 핵심
가치는 세 가지다. 섬 생태계의 회복과 유지,
경제적 자립 시스템 구축, 문화와 예술의 공
존이 그것이다. 국내 대부분의 도서지역이
그러하듯 섬의 정체성과 관계없는 획일적
개발로 자연경관이 훼손되고 있다.

　첫째, '섬 생태계의 회복과 유지'는 섬을
섬답게 개발하기 위한 가치에서 비롯된 것
이다. 이를 위해서는 오랫동안 가파도에서

진행된 토목 중심 개발을 지양해야 한다. 수평적 요소가 강조되는 경관을 유지하고, 해안 도로 건설로 단절된 생태계는 자연 상태로 복구해야 한다. 그 밖에 빈집과 같은 기존 건축물 활용 방안도 논의되었다. 이는 회복과 재활용에 초점을 둔 가치다. 둘째, '경제적 자립 시스템 구축'은 관광객 대상의 편의 시설을 설치하되 이를 가파도 주민의 경제생활 기반으로 활용하는 것이다. 또한 농업 및 어업 가공품을 개발해 판매하고 직접 운영까지 맡는다. 셋째, '문화와 예술의 공존'은 가파도를 예술가의 창작 거점으로 조성하려는 움직임이다.

이러한 가치를 기반으로 가파도 전 지역에서 이 프로젝트가 진행되었다. 그중에서도 가파도 스낵바, 가파도 아카이브룸, 가파도 하우스, 가파도 마을강당, 가파도 어업센터, 가파도 AiR(Artist in Residence) 등은 가파도 프로젝트의 핵심 가치 실현을 위해 마련된 건축물이다. 해안 도로를 따라 접근할 수 있는 '가파도 스낵바'는 바닷가에 위치한 작은 바(bar)다. 관광객을 위한 편의 시설로 기능한다. '가파도 아카이브룸'에서는 섬의 역사와 문화와 환경에 대해 배울 수 있다. '가파도 하우스'는 방치된 빈집을 리모델링해 숙박 시설로 새롭게 탄생시켰다. 돌담과 청보리밭과 바다 풍경을 끌어안은 건축물이자, 섬 주민의 경제적 자립을 지지하는 공간이다. '가파도 마을강당'은 옛 농협 창고를 개조했다. 이곳은 위치와 규모로 볼 때 가파도 프로젝트의 구심점이 되는 공간이다. 레스토랑이 마련된 '가파도 어업센터'에서는 해녀의 삶과 맛을 느낄 수 있다. 한편 본관과 2개 별관으로 구성된 '가파도 AiR'는 문화·예술의 가치를 반영했다. 가파도에는 1997년 IMF(International Monetary Fund) 외환 위기로 개발이 진행되지 못한 리조트가 있었다. 20년 넘게 방치된 시설의 지하를 활용해 예술가, 문학가, 인문학자 등을 위한 공간으로 만들었다. 개인 숙소와 작업실, 갤러리, 전망대 등으로 구성되었다.

오름

오름은 용암 분출로 생기는 독립된 형태의 기생화산을 의미한다. 제주에는 360개 이상의 오름이 분포한 것으로 파악되고 있다. 거문오름, 다랑쉬오름, 백약이오름, 새별오름, 용눈이오름 등 화산 분출 범위에 따라 크기와 형태가 제각각이다. 또한 오름은 분포 형태에 따라 다채로운 경치를 연출한다.

그중에는 군락을 이룬 오름이 있는가 하면, 독립적으로 흩어진 오름도 있다. 오름은 다양한 건축물에 영감을 주는, 제주의 특별한 경관 요소다. 곶자왈이 갇힌 자연 공간이자 음(陰)의 공간이라면, 오름은 열린 자연 공간이자 양(陽)의 공간이다.

제주 사람에게 오름은 각별한 장소다. 오랫동안 삶의 터전이 되어 주었기 때문이다. 그들은 오름을 무대로 가축을 기르고 농사를 지으며 살았다. 그뿐 아니라 언덕 자락에

산담을 조성해 영혼의 휴식처로 삼기도 했다. 산담은 무덤 주위를 둘러쌓은 돌담을 뜻한다. 이처럼 제주 사람에게 오름은 생(生)과 사(死)를 품은 공간이었다.

한편 오름은 방어에 특화된 공간이었다. 조선시대에는 왜구의 잦은 침입을 막기 위해 오름 정상에 봉수, 연대 등 방어 시설을 건축했다. 일제강점기에는 고통과 수난의 장소였다. 수려한 경관을 가진 거의 모든 오름에 일본 군인의 동굴진지가 구축되었다.

오름은 4·3사건과 관련된 중요한 공간이기도 하다. 1948년 4월 3일 오전 1시를 기점으로 한라산 자락의 오름마다 봉화가 피어오르며 무장봉기가 시작되었기 때문이다. 당시 오름은 무장대(武裝隊)의 근거지이자 인근 마을 주민의 피난처였다. 이처럼 오름은 한국 근현대사와 제주 생활사를 고스란히 간직한 제주의 역사 그 자체다. 또한 제주를 대표하는 아름다움의 근원이다. 그렇기에 오름의 가치는 더욱 빛난다.

서귀포시 동지역

SEOGWIPO-SI
DONG AREA

서귀포다운 풍경에서
가장 제주다운 건축을 발견하다

서귀포시는 그다지 역사가 긴 편이 아니다. 1981년 서귀읍과
중문면이 통합되면서 시(市)로 승격했고, 2006년 제주특별자치도
출범으로 서귀포시와 남제주군이 통합되었다. 서귀포시 동(洞)지역은
행정구역상 12개 동에 해당된다. 최근 '서귀포다움'에 대한
관심이 부쩍 높아지고 있다. 그렇다면 무엇이 서귀포다움일까?
그 해답은 서귀포시의 지형적 독특함과 해안을 따라 형성된 부속
섬들이 연출하는 경관에서 찾을 수 있다. 먼저 땅에 대한 이야기다.
서귀포시는 완만한 경사지로 구성된 제주시와 달리 비교적 경사가
급한 지역이 많다. 제주시와 서귀포시의 지형 조건이 다르니, 풍경
역시 다르게 나타난다. 서귀포시 동지역은 해안과 중산간 그리고
한라산으로 이어지는 시각적 거리가 짧아 그 모든 풍경이 더욱
가깝게 느껴진다. 특히 크고 작은 오름이 도시에 인접해 생활 경관이
여유롭다. 부속 섬이 연출하는 독특한 해안 경관도 서귀포다움을
만드는 중요한 원천이다. 그것을 잘 보여주는 것이 고산자(古山子)
김정호의 〈대동여지도(大東輿地圖)〉 제주판이다. 이 지도에는
한라산과 건천(乾川), 수많은 오름과 길, 그리고 부속 섬이 표시되어
있다. 지도 표시가 공식화되지 않은 당시 여건을 고려한다면, 고산자의
눈에는 이러한 요소들이 제주의 랜드마크가 아니었을까. 서귀포시
동지역에는 범섬, 문섬, 섶섬, 새섬이 푸른 바다 위에 자리 잡고
있다. 이러한 부속 섬이 연출하는 아름다운 해안 풍경은 서귀포시
동지역에서만 볼 수 있으며, 이것이 바로 서귀포다움이다.

옛 제주대학교 아열대농업생명과학연구소

Former Research Institute for Subtropical Agriculture & Biotechnology at Jeju National University

건축가 미상 | 1940년대

서귀포시 중산간동로 7757(토평동)

과거 경성제국대학 부속 생약연구소 제주시 험장이었던 옛 제주대학교 아열대농업생명과학연구소는 일명 '석주명연구소'로 불린다. '나비 박사'로 알려진 생물학자 석주명이 활동하던 주요 공간이자 제주학의 연구 기반을 다진 장소다. 그러한 측면에서 이 건축물은 역사적, 문화적 가치가 높으며 보존의 필요성이 크다. 또한 일제강점기에 건축된 구조물로서 당시의 건축양식을 전형적으로 보여준다. 물론 수년 전에 진행된 개·보수 과정에서 변형은 불가피했을 것이다. 하지만 당시 공공 건축물에서 느껴지는 권위와 정돈된 느낌은 여전히 남아 있다. 박공(博栱) 형식의 중앙 출입구를 기준으로 좌우 대칭형 입면 양식을 취하고 있으며, 중앙 출입구로 진입할 수 있도록 측면에 길을 냈다. 뒤쪽에 화장실을 배치한 것도 특징이다. 입면에는 화려하지 않지만 정돈된 형태의 큰 창이 있고, 부분적으로 장식적 기능의 창도 보인다. 주 출입구 기둥의 타일에는 세련된 스타일을 적용했다. 규모가 작은 편이지만, 세부 기법 측면에서 상당히 배려했음을 알 수 있다. 특히 건축물 뒤쪽의 온실은 원형에 가깝게 보존되어 역사적 가치가 높다.

서귀중앙여자중학교
Seogwi Jungang Girls School

김중업 | 1960년대

서귀포시 중앙로 120(동홍동)

서귀중앙여자중학교는 옛 제주대학교 수산학부 본관 건물을 사용하고 있다. 제주대학교는 1962년 국립대학으로 전환되기 전까지 제주시와 서귀포시에 캠퍼스가 분산되어 있었다. 1961년 농·수산학부 이전이 추진되었으며 1963년 시설물 건축에 착수했는데, 당시 건축가 김중업이 시설 계획을 맡았다. 그의 대표작으로 알려진 옛 제주대학교 본관도 비슷한 시기에 기본 설계 수립이 이루어졌다. 당시 제주대학교 농학부 대지의 남쪽으로 시설을 확충해 현재 서귀중앙여자중학교 자리에 수산학부 건물을 지었다.

서귀중앙여자중학교 건축물의 외형은 좌우대칭 구조로 사면이 각각 다른 입면을 가진다. 정면은 수직적 요소가 강조된 반면, 왼쪽 측면은 르 코르뷔지에(Le Corbusier)의 건축 언어라 할 수 있는 루버(louver)가 장식되어 있다. 르 코르뷔지에의 작품에 자주 등장하는 돌출된 창과 필로티(pilotis) 등을 엿볼 수 있으며, 단순하면서도 절제된 입면이 인상적이다. 이 건축물에는 군더더기 없는 디자인에 기능성을 강조한 근대건축의 요소가 충실하게 반영되어 있다.

또한 중앙 출입구에서 길게 돌출된 구조물, 지면에서 분리된 듯한 계단 구조가 특이하다. 내부 계단은 수직적 벽체와 일체화되어 간결한 아름다움을 느낄 수 있다. 계단에서 분리된 난간은 조형적으로 자유롭고 강렬한 이미지를 연출한다. 이와 대조적으로 계단 한 편에는 3개의 손잡이가 짜임새 있게 이어지는데, 구조와 기능이 조화롭게 디자인된 하나의 작품처럼 느껴진다.

강정교회
Gangjeong Church

김재관 | 1998

서귀포시 이어도로 578(강정동)

종교적 침묵을 상징하듯 노출콘크리트로 치장한 강정교회는 제주 끝자락 강정마을에 자리하고 있다. 교회라는 공간은 '빛과 소금' 역할을 하는 기독교의 사회적 기능, 청년을 위한 교육적 기능을 가져야 한다는 것이 건축주의 요구였다. 건축가 김재관은 교회 진입구에서 예배당 출입구까지의 동선을 길게 구성했다. 또한 십자가와 종탑 등 종교적 요소가 배열된 공간을 지나며 예배자가 신에 대한 마음의 준비를 하도록 설계했다. 도로를 향한 세속적 공간과 믿음으로 충만한 종교적 공간을 이분화하면서도 공간 영역은 길에서 마당으로 이어진다. 강렬하지만 무표정한 교회의 전면을 따라 늘어뜨린 진입로가 종교적 공간으로서 깊이를 더한다. 이 길은 세속적 공간과 종교적 공간의 연결 통로이자, 제주의 근풍경(近風景)과 원풍경을 바라보며 정신을 가다듬는 공간이다. 진입로 끝에 위치한 작은 마당에서 이어지는 원형의 예배 공간은 크기는 작지만 종교적 완결성을 지닌다. 이 예배당이 강정교회의 핵심 공간이다. 옥상에도 예배 공간이 마련되어 있는데, 여기서 바라보는 강정마을의 풍경이 인상적이다.

서귀포시청 제2청사
Seogwipo City Hall, Building 2

한규봉 | 1994

서귀포시 신중로 55(법환동)

서귀포시청 제2청사는 멀리 보이는 한라산의 온화한 곡선과 조화를 이룬다. 건축가 한규봉은 공공 건축물로서의 상징성과 민원인의 편의를 도모하기 위해 동선에서 기능성을 강조했다. 그 결과 대지의 높낮이 차이를 반영해 개별 공간을 분리하고, 민원인의 방문 이유와 공간 특성을 고려해 독립된 출입구를 만들었다. 또한 비대칭 구조를 부분적으로 강조해 공공 건축물의 다양성과 상징성을 표현했다. 서귀포시청 제2청사의 지붕은 초가지붕이 연상되도록 동판줄눈으로 마무리했으며, 돌담의 소재로 현무암을 사용해 건축물의 향토미를 살렸다.

서귀포관광극장
Seogwipo Performance Art Theater

건축가 미상 | 1963
서귀포시 이중섭로 25(서귀동)

서귀포관광극장은 1963년 개관한 서귀읍 최초의 극장으로 알려져 있다. 문화 시설이 변변치 않았던 1960-1970년대에 가장 인기 있는 곳은 연극과 영화를 볼 수 있는 극장이었다. 당시 제주시에서는 현대극장(옛 제주극장), 제일극장, 동양극장이 큰 인기를

끌었다. 서귀포시에서는 서귀포관광극장이 문화적 욕구를 해소하는 장소로 시민에게 사랑받았다. 1980년대 컬러 방송이 시작되고 프로그램이 다양해지면서 대다수의 극장이 영업난을 겪으며 폐업하기 시작했다. 이제는 몇몇 극장만이 허름한 모습으로 남아 명맥을 유지하고 있다.

서귀포관광극장은 이중섭미술관과 이중섭거주지 인근에 자리하고 있다. 1960년대 모습을 고스란히 간직한 이곳은 영사실, 매표소, 로비 등의 공용 부분과 객석 부분으로 나뉜다. 공용 부분은 철근콘크리트조의 평지붕(flat roof)으로 조성되었고, 객석 부분은 현무암으로 마감한 목조 트러스 구조다. 2층 입면은 서향 햇빛을 막고 바다 풍경을 의식한 듯 연속된 경사면이 측창(側窓)으로 처리되었다. 1층과 2층의 입면은 형태가 확연하게 다르며, 2층에서 1층으로 이어지는 외부 계단이 우측에 설치되어 있다.

지금은 극장으로 기능하지 않고, 과거의 흔적을 간직한 채 문화·예술 공간으로 활용되고 있다. 특히 객석 부분은 상부 구조물 철거로 하늘이 노출된 상태다. 이처럼 열린 형태의 객석과 무대는 시간 혹은 날씨에 따라 다양하게 변한다. 시멘트와 현무암으로 거칠게 마감된 객석의 내부 벽체를 통해 중후한 분위기를 느낄 수 있다.

제주올레여행자센터
Jeju Olle Tourist Center

건축가 미상, 현군출(리모델링) | 1981
서귀포시 중정로 22(서귀동)

2016년 7월 문을 연 제주올레여행자센터는 서귀포시 중정로에 접해 있다. 원래 병원이었던 건축물을 올레 여행자를 위한 공간

으로 개·보수했다. 지역 전문가의 재능 기부, 기업의 재정적 기부, 올레를 아끼는 개인의 후원을 통해 공익 목적으로 재탄생했다. 리모델링은 병원으로 사용된 과거의 흔적을 남기면서도 여행자센터의 기능을 고려해 계획되었다. 특히 1층 출입구와 천장 일부에는 지난날의 자취가 남아 있다. 1층에는 식사, 회의, 강연, 체험 등을 위한 공간이

옛 소라의성
Former Castle of Shell

김중업 | 1969

서귀포시 칠십리로214번길 17-17(동홍동)

건축가 김중업의 작품인 '소라의성'은 과거 음식점으로 운영되었으나, 재해위험지구로 지정되면서 서귀포시청이 매입했다. 원래 철거 예정이었지만 근대건축물로 지정해야 한다는 여론이 이루어지면서 보존하게 되었다. 사단법인 제주올레 사무실로 잠시 사용하다가 지금은 리모델링한 뒤 활용하는 방안을 검토하고 있다.

옛 소라의성은 단순한 디자인과 곡선의 미적 요소가 돋보인다. 1층의 입면이 개방적이라면, 2층의 입면은 다소 폐쇄적으로 처리되어 있다. 매스(mass)의 분절, 곡선 중심의 선(線)적 요소 등을 강한 입면의 장식적 조건으로 처리한 것이 특징이다.

단조로운 원형 공간에 작은 원형과 변형된 타원체가 중첩됨으로써 내부 공간은 더욱 역동적으로 변했다. 그뿐 아니라 건축물 간 분절 효과를 높이기 위해 붉은 벽돌과 대비되는 검은 제주석을 마감재로 사용했다. 옛 소라의성은 곡선 요소와 직선 요소가 결합되어 사면이 각기 다른 표정을 갖는 독특한 형태의 건축물이다. 이곳은 급경사의 절벽과 완만한 해안선으로 구성된 제주 해안의 풍경에 거슬리지 않게 자리 잡고 있다. 숲과 바다 등 주변 자연경관 역시 아름다워, 이 풍경과 조화를 이룬 옛 소라의성은 더욱 멋있게 느껴진다.

마련되어 있으며 2층은 사무 공간으로 사용 중이다. 3층은 여행자가 편히 머물 만한 숙박 시설로 소박하지만 예쁘게 꾸몄다.

제주올레여행자센터는 다양한 창작, 공연, 체험 프로그램이 이루어지는 공간이다. 그와 동시에 각자의 재능을 자유롭게 나누고 서로를 이해하며 소통하는, 나눔의 공간이자 실천의 공간이다.

카페바다다
Cafe Vadada

고성천 | 2016

서귀포시 대포로 148-15(대포동)

카페바다다는 서귀포시 대포동 해안가 언덕에 자리한 공간이다. 건축물이 수면에 떠 있는 듯해 '플로팅 카페(floating cafe)'라 불리기도 한다. 바다와 땅의 경계로서 오랜 세월 바람에 길들여진 해송 숲이 건축물과 어우러져 아름다운 풍경을 만든다. 카페, 숲, 그리고 숲 너머의 바다는 한 폭의 그림과 같다. 카페바다다는 주변 경관을 고스란히 받아들이듯 수평으로 길게 놓인 장방형 건축물이다. 건축물이 땅에서 분리되어 부유하는 것처럼 보이는데, 이 모습은 바다에 떠다니는 작은 배를 연상시킨다. 전면과 후면의 개구부는 내부에서 외부를 바라볼 때 바다와 땅의 풍경을 담아내는 사진 프레임으로 기능한다. 건축물의 외부는 인위적 느낌을 최소화하기 위해 유로 폼(euro form) 노출 콘크리트로 처리했다. 외관의 일부는 목재로 마무리되어 이 공간에 머무는 이들이 자연과 호흡할 수 있도록 디자인했다.

제주월드컵경기장
Jeju World Cup Stadium

황일인 | 2002

서귀포시 월드컵로 33(법환동)

2002년 FIFA 한·일 월드컵 경기를 위해 서귀포시에 세워진 경기장으로 4만여 석 규모다. 현재 제주유나이티드FC 홈구장으로 사용하고 있다. 서귀포시 신시가지에 위치한 이 경기장은, 제주의 자연과 문화를 현대적 개념으로 해석해 디자인했다. 제주의 풍광을 결정하는 중요한 요소이자 가장 제주다운 특징 가운데 하나인 오름의 이미지를 형태적으로 풀어낸 것이다. 한편 경기장 진입부에 있는 광장은 전통 초가의 진입로 '올레'에서 착안했다. 막구조(膜構造)가 적용된 경기장 지붕은 '테우'의 돛대와 어망에서 모티프를 얻었다. 제주 전통 어업에서 사용했던 테우는 통나무 9~10개를 묶어 만든 단순한 구조의 떼배를 일컫는다. 제주월드컵경기장은 제주의 자연·문화적 요

소를 형상화한 디자인보다, 경기장 내부에서 느낄 수 있는 제주 풍경의 아름다움을 높이 평가할 만하다. 즉 한라산, 오름 등이 자아내는 제주다운 풍경을 건축적 관점에서 의식한 점은 칭찬할 만하다. 제주월드컵경기장은 2002년 한·일 월드컵을 위해 건립된 경기장 가운데 가장 아름다운 곳으로 평가받은 바 있다. 그러나 2002년 태풍 평션(Fengshen)으로 막구조가 큰 피해를 입었으며, 그 때문에 일부 구조가 변경되어 지금은 이전과 상당히 다른 모습이다.

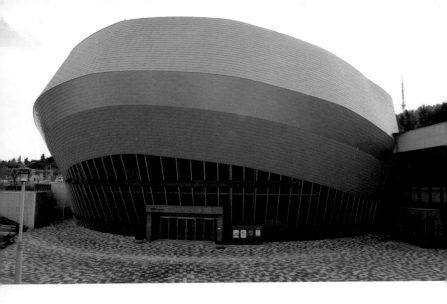

서귀포예술의전당

Seogwipo Arts Center

원양건축사사무소(이승연), 오름건축사사무소(양창용) | 2014

서귀포시 태평로 270(서홍동)

서귀포예술의전당은 서귀포지역을 대표하는 문화 공간이다. 제주시에 비해 상대적으로 문화적 소외감을 느꼈던 서귀포시 주민에게 다양한 문화 혜택의 기회와 환경을 제공하고자 조성된 문화 시설이다. 경제성장으로 여유가 생기면서, 풍요로운 문화생활에 비중을 두는 경향이 두드러지고 있다. 그

중 일상에서 쉽게 접할 수 있는 것은 연극, 영화, 음악회 등이다. 서귀포예술의전당은 이러한 대중 문화 공간을 지향하며 2014년 개관했다. 삼매봉공원 일대에 위치한 이곳은 삼매봉도서관, 기당미술관과도 인접해 서귀포지역의 문화 중심지 역할을 한다. 또한 대극장, 소극장, 전시실, 강의실, 세미나실, 연습실 등으로 구성된 복합 공간이기도 하다. 이와 같은 문화 공간의 복합화 경향에는 세 가지 이유가 있다. 첫째, 좋은 입지 조건을 가진 대지 확보가 어렵기 때문이다. 둘째, 관련성을 가진 문화 시설이 하나의 유기적 군(群)으로 구성됨으로써 질적 향상을 꾀할 수 있기 때문이다. 셋째, 관리 및 운영 측면에서 합리화를 꾀할 수 있기 때문이다.

서귀포예술의전당은 독특한 곡면으로 디자인된 외형이 시선을 끈다. 이는 제주의 문화적 상징인 오름을 형상화한 것이다. 오름

은 제주다운 풍경을 만드는 요소이자, 문화·예술인의 상상력과 창의력을 자극하는 예술적 힘의 원천이라 해도 과언이 아니다. 이는 상상력과 창의력이 꽃피는 거점으로서 오름을 의식한 디자인 개념이다. 구렁진 땅에 둥지를 틀 듯 자리한 서귀포예술의전당은 총면적 8,481제곱미터에 지하 4층, 지상 2층 규모로 계획되었다. 외형적으로는 오름처럼 그리 크지 않은 소박한 느낌을 준다. 대극장 802석(1층 612석, 2층 190석), 소극장 190석을 갖추고 있다. 무대는 다양한 장르의 연출이 가능하도록 계획되어 250명 동시 출연도 가능하다. 그뿐 아니라 오케스트라 피트(orchestra pit) 등 공연에 필요한 여러 가지 시설이 구비되어 있다. 시민을 위해 마련된 예술 공간답게 전시실, 세미나실, 강의실, 외부 광장 등이 다양한 행사 공간으로 적극 활용되고 있다. 서귀포예술의전당은 이 지역 최초의 복합 문화 공간이자 유일의 종합 문예 공간으로 자리 잡았다.

동명백화점
Dongmyeong
Department Store
김희수 | 1975
서귀포시 중정로 69(서귀동)

동명백화점은 1975년 건축된 서귀포시의 상업 시설이다. 근대건축의 특징이 잘 드러난 건축물이며, 내부 기능을 가급적 단순화하고 외부 형태를 간결하게 디자인한 것이 특징이다. 내부 공간은 6미터 모듈로 구획했다. 넓은 매장이 필요한 '백화점'이라는 공간의 특성상 코어(core) 부분을 벽면에 집중적으로 배치했다. 3개 층으로 연결된 계단 역시 벽면에 설치해 판매 공간의 효율성을 확보하고자 노력했다. 동명백화점은 정면에서 바라볼 때 도로를 향해 개방된 형태의 1층 공간, 좌우대칭으로 돌출된 구조의 2층 공간, 선(線)적 요소가 짜임새 있게 처리된 3층 공간 입면이 인상적이다. 정면의 입면은 최대한 의장(意匠)적으로 간결함을 추구하면서도 좌우대칭의 장식적 요소가 가미되어 있다. 이와 달리 측면의 입면은 개구부만으로 처리되었다.

기당미술관

Gidang Art Museum

김홍식 | 1987

서귀포시 남성중로153번길 15(서홍동)

삼매봉 자락에 자리한 기당미술관은 제주 출신 재일 교포 사업가 기당(寄堂) 강구범이 건립해 서귀포시에 기증했다. 명지대학교 건축학과 명예교수 김홍식이 설계했으며 1987년 문을 열었다. 전체 면적 960.29제곱미터 규모에 지하 1층, 지상 1층으로 구성된 공간이다. 제주도립미술관, 제주현대미술관과 함께 제주지역 대표 미술관으로 제주특별자치도에서 직영하고 있다. 이곳에

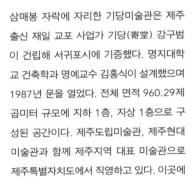

서는 제주 풍경을 가장 제주다운 색채로 표현한 화가 변시지의 작품이 상설 전시되고 있다. 기당미술관에는 건축 배경과 형태, 전시 공간의 측면에서 제주의 다른 공립 미술관과 차별화된 특징이 있다.

기당미술관은 국내 시립 미술관의 효시로 불린다. 건축적으로 독특한 외형을 지니는데, 제주 전통건축의 구성 요소 가운데 하나인 '눌'을 차용해 형상화한 것이다. 제주어 '눌'은 곡식이나 장작 따위를 차곡차곡 쌓아 놓는 것을 말한다. 농촌의 풍요롭고 여유로운 이미지가 건축 언어로 표현되면서 주변 자연경관과 조화를 이룬다.

기당미술관의 전시 공간은 4개 부분으로 구성되어 있다. 내부의 흐름을 주도하는 핵심 공간은 주 전시 공간과 상설 전시 공간이다. 핵심 공간은 소규모 중정을 중심으로 배치되어 있으며, 기능적으로는 중정을 둘러싼 순환 경로에 전체 전시장을 에워싼 순회 공간이 연관되어 있다.

소암기념관
Soam Memorial Hall

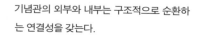

김상언, 현군출 | 2008
서귀포시 소암로 15(서귀동)

제주 출신 서예가 소암(素菴) 현중화는 평생을 서예에 몰두한 인물이다. 그는 서귀포의 바다, 산, 하늘 등을 대상으로 삶과 철학을 글씨에 담아냈다. 1997년 별세한 그를 기리고자 건립된 소암기념관은 2008년 개관했다. 소암기념관이 들어선 자리는 원래 현중화의 자택이었다. 내부에는 상설전시실, 기획실, 소암일대기실, 창작산실 등이 있다. 대지면적 1,903제곱미터, 총면적 1,523제곱미터 규모로 서귀포시 문화관광체육국 문화예술과에서 직영하고 있다.

서귀포 바다가 내려다보이는 언덕에 지어진 소암기념관은 크게 2개의 공간으로 구성된다. 하나는 현중화의 업적을 기념하는 전시 공간이고, 다른 하나는 전시 공간에 인접한 조범산방(眺帆山房)이다. '돛단배를 바라보는 방'을 뜻하는 조범산방은 현중화의 서실(書室)이다. 그는 이곳에서 끝까지 붓을 놓지 않았다. 대지상의 배치는 전시 공간은 채우고 조범산방은 비운 형태다. 소암

기념관의 외부와 내부는 구조적으로 순환하는 연결성을 갖는다.

전시 공간은 필로티 형식으로 설계되었다. 경사진 대지 위에 건축물을 살포시 얹은 형태다. 소암기념관의 내부는 경사로를 따라 전시 공간이 연속적으로 이어진다. 주 진입로에서 계단을 따라 안으로 들어서면 수공간과 고목(古木)이 자리한 중정을 지나게 된다. 중정은 기능적으로 전시 공간을 분절하는 동시에 행사 공간으로도 사용된다. 행사 공간은 경사지를 이용한 작은 무대로 계획되었다. 또한 중정은 하늘과 땅을 자연스럽게 연결하는 소통 공간이기도 하다. 이곳은 조범산방 앞의 비워진 공간과도 연결된다. 특히 조범산방에는 세월을 은유적으로 보여주는 고목의 풍경이 가득하다.

이중섭미술관
Lee Jung Seob Art Museum

김병철 | 2002

서귀포시 이중섭로 27-3(서귀동)

천재 화가 이중섭은 한국전쟁의 혼란을 피해 1951년 1월 서귀포에 정착했으며, 같은 해 12월 부산으로 떠나기까지 제주에서 생활했다. 이중섭미술관은 그의 예술혼을 기리기 위해 설립한 기념관 성격의 미술관이다. 미술관 인근에는 이중섭과 그의 가족이 세 들어 살던 초가가 복원되어 있다. 이중섭은 1평 반 남짓한 비좁은 방에서 일본인 아내, 두 아들과 함께 생활했다. 그가 제주에 거주한 기간은 그리 길지 않지만, 이중섭의 삶과 예술 세계에서 서귀포라는 장소는 중요한 의미를 갖는다.

이중섭의 대표 작품으로는 거칠고 강렬한 터치가 인상적인 〈황소〉〈흰 소〉〈물고기와 노는 두 어린이〉 등이 있다. 2002년 이중섭미술관 개관 초기에는 원화를 보유하고 있지 않아 복사본이 전시되었지만, 가나아트센터 이호재 대표가 서귀포시에 이중섭의 작품을 기증하면서 원화 8점을 소장하게 되었다. 이곳에서는 이중섭의 그림 외에도 한국 미술계를 대표하는 근현대 화가의 작품 52점을 전시하고 있다.

한편 서귀포시에는 이중섭문화거리가 조성되어 있다. 이중섭미술관을 찾은 관람객이 단순히 전시만 둘러보기보다 이중섭이 거주했던 초가에도 들를 수 있도록 동선을 고려했다. 그 덕분에 관람객이 주변 공원과 거리로 분산되었고, 그러한 노력이 이 일대에 활력을 불어넣고 있다. 이중섭미술관의 전시 공간은 그의 그림에 등장하는 '게' 형상을 연상시킨다. 홀을 거쳐 계단으로 올라가면 1층과 2층이 자연스럽게 연결된다. 이중섭미술관은 현재 서귀포시 문화관광체육국 문화예술과에서 직접 운영하고 있다.

왈종미술관
Walart Museum

다비드 머큘로, 한만원 | 2013
서귀포시 칠십리로214번길 30(동홍동)

서귀포지역을 중심으로 활동하는 화가 이왈종이 건립한 지상 3층 규모의 사설 미술관이다. 이왈종은 정방폭포 인근의 주택을 매입해 20년 넘게 창작 활동을 해왔으며, 기존의 주택을 철거하고 그 자리에 작업실 겸 미술관을 건립했다. 스위스 건축가 다비드 머큘로(Davide Macullo)와 한국 건축가 한만원이 공동 설계했다. 조선백자 찻잔을 건축설계의 모티프로 삼았다.

왈종미술관은 전체적으로 원형의 기하학적 형태를 가지면서도 상부는 원형이 안쪽으로 휘어져 들어와 곡선의 역동성을 드러낸다. 외관만큼 내부와 외부의 공간 구성도 특이하다. 미술관에 진입할 때 이왈종 화백이 직접 관리하는 나무로 꾸민 작은 정원을 지나가게 되어 있다. 1층에 주 전시실을 두는 미술관과 달리, 왈종미술관은 1층에 어린이미술교육실, 도예실, 수장고 등을 배치했다. 주 전시실인 2층에 이왈종의 회화와 도예 작품 50여 점이 전시되어 있다. 이러한 구성은 작품 활동에 충실하겠다는 화가 이왈종의 의도를 반영한 것이며, 계단을 따라 올라가면 2층 전시실의 작은 홀에서 서귀포 앞바다를 조망할 수 있다. 바다의 풍경과 화가의 그림이 조화롭게 어울릴 수 있도록 고려한 것이다.

서귀포기적의도서관

Seogwipo Miracle Library

정기용 | 2004

서귀포시 일주동로 8593(동홍동)

서귀포기적의도서관은 제주기적의도서관과 함께 2004년 건축된 2층 규모의 어린이 도서관이다. 다큐멘터리 영화 〈말하는 건축가〉의 주인공인 건축가 정기용이 서귀포시 도심 공원에 설계했다. 본래 서귀포시에서는 공원 안의 숲 일부를 제거해 도서관을 건축할 계획이었다. 하지만 정기용은 숲도 건축의 일부라고 판단해 보존 방안을 제시했

다. 결국 그는 건축물이 소나무를 감싸 안은 듯한 타원형 구조의 도서관을 설계했다. 기하학적 아름다움을 갖춘 서귀포기적의도서관은 있는 그대로의 자연을 품게 되었다. 경사진 지형에 순응하듯 지붕 또한 경사지게 디자인되었다. 이러한 배치는 한라산과 바다의 풍경을 의식하게 하고, 중정의 소나무 숲은 산과 바다를 잇는 작은 자연경관이 된다. 내부 구조는 열람실을 중심으로 순환되는 형태이며, 중정과 외부 숲은 시각적 여유를 준다. 1층에는 열람실, 시청각실, 영·유아실, 휴게실, 사무실 등이 있고, 2층에는 열람실과 멀티미디어 코너가 있다.

씨에스호텔&리조트
The Seaes Hotel & Resort

김인철 | 1991

서귀포시 중문관광로 198(중문동)

중문관광단지 안의 해안가에 자리 잡은 씨에스 호텔&리조트는, 제주 전통 가옥인 초가에서 모티프를 얻어 디자인된 단독 별장 형식의 호텔이다. 원래 이곳은 중문관광단지 개발 이전에 베릿내마을이 있었던 지역이다. 베릿내는 '별이 내리는 내(川)'라는 뜻으로, 이 지명을 통해 과거 베릿내마을의 아름다운 밤 풍경을 짐작할 수 있다. 비록 베릿내마을은 사라지고 이 일대가 대규모 숙박 시설로 개발되었지만, 씨에스호텔&리조트는 이 땅의 기억과 흔적을 건축에 담아 존중하려는 배려가 돋보인다. 사실 객실을 분산해 배치하거나 제주 전통 건축양식에 따라 지붕과 외벽체의 마감 재료를 선택한 것은 건축물을 관리하는 데 큰 부담이 된다. 그렇기 때문에 숙박 시설로서의 충실함과 차별성을 유지하면서도 제주의 문화적 특수성까지 담아낸 건축가 김인철의 접근 방식은 높게 평가해야 할 부분이다.

씨에스호텔&리조트 외부와 내부 공간은 원풍경의 오름처럼 조화로운 제주 마을을 연상하게 한다. 오름과 숲, 마을의 역사를 알려주는 듯한 울창한 팽나무, 울담, 옹기종기 모인 지붕의 곡선미 등이 자연스럽게 어우러져 있다. 특히 인위적 요소가 최대한 배제된 외부 정원은 제주만의 이국적 풍경을 충분히 느낄 수 있어 관광객의 관심을 끈다. 이곳은 TV 드라마 〈시크릿 가든〉 〈궁〉 등의 촬영 장소로 대중에게 널리 알려져 있다. 2010년 방영된 〈시크릿 가든〉에서 주인공 김주원(현빈)과 길라임(하지원)의 키스 장면을 촬영했던 잔디마당은 푸른 바다와 하늘을 향해 열린 아름다운 공간으로 주목받았다. 2006년 방영된 〈궁〉에서는 극 중 주요 배경이었던 궁궐의 정원으로 연못과 중앙 정원이 소개된 바 있다.

제주의 전통 초가 형식으로 지어진 객실은 30개이며, 다른 사람들의 방해를 받지 않고 독립적 숙박이 가능한 풀빌라(Pool Villa) 형태로 설계되었다. 리조트 안에 마련된 스파와 사우나 등 각종 편의 시설도 제주 전통 건축양식으로 디자인해 제주만의 운치를 느낄 수 있다.

더갤러리 카사델아구아
The Gallery Casa del Agua

리카르도 레고레타 | 2007

서귀포시 중문관광로 222(중문동), 철거

스페인어로 '물의 집'을 의미하는 더갤러리 카사델아구아는 제주국제컨벤션센터에 인접한 앵커호텔의 모델하우스다. 2007년 완공되었으며 통칭 '카사델아구아'라 불렸다. 비록 가설건축물로 허가되었으나 정상적으로 지어진 건축물이었고 디테일도 상당히 훌륭했다. 멕시코 출신 건축가 리카르도 레고레타(Ricardo Legorreta)의 유작으로, 제주부영호텔&리조트와 더불어 건축 당시부터 주목받은 작품이다. 아름다운 제주의 풍경에 자연스럽게 동화된 듯하면서도 리카

르도 레고레타 특유의 건축미를 뽐낼 건축물로 기대를 모았다. 하지만 철거 문제가 불거지며 제주 건축계를 넘어 한국 건축계 전체에 큰 논란을 일으켰다.

리카르도 레고레타의 건축은 강렬하고도 절제된 색과 빛, 정제된 물, 경계로서의 벽으로 설명된다. 그의 건축관이 함축적으로 표현된 작품이 더갤러리 카사델아구아다. 정제된 물은 색과 빛의 강렬함을 순화하듯 조용히 내부와 외부의 공간을 잇는 역할을 한다. 이처럼 물에 반사된 빛을 전체 공간에 부드럽게 확산시키는 매개체가 되도록 설계한 점, 벽이 만드는 경계와 공간의 명확성을 강조한 점 등은 리카르도 레고레타 건축의 가장 극적인 아름다움이다.

제주 화산석송이 빛깔을 닮은 이 건축물은 방문객의 여유로움과 즐거움이 더해지며 시간이 흐를수록 더욱 다양한 풍경을 만들어냈다. 느림의 미학이 담긴 제주 풍경과 아름다운 공간에 취하기를 바랐던 리카르도 레고레타의 기대와 달리, 카사델아구아는 가설건축물 사용 연장 신청이 이루어지지 않았다는 이유로 2013년 3월 6일 아쉽게 철거되었다.

제주부영호텔&리조트
Booyoung Jeju Hotel & Resort

리카르도 레고레타 | 2014

서귀포시 중문관광로 222(중문동)

제주국제컨벤션센터에 인접한 앵커호텔
(anchor hotel)이다. 앵커호텔은 대형 컨
벤션센터와 이어져 다양한 부대 기능을 제
공하는 숙박 시설을 뜻한다. 애초 제주국제
컨벤션센터 현상설계 공모 당시 컨벤션센터
와 함께 앵커호텔 건립이 제시되었으나, 여
러 사정으로 컨벤션센터만 지어졌다가 나중
에 앵커호텔이 건축되었다. 원래 명칭은 '앵
커호텔 카사델아구아'였는데 건축주가 변경
되면서 제주부영호텔&리조트가 되었다.

멕시코 출신 건축가 리카르도 레고레타
가 2011년 12월 타계 전까지 열정을 지니
고 작업한 작품이다. 그의 건축은 강렬하면
서도 절제된 '색'과 '빛', 정제된 '물', 경계로
서의 '벽'으로 설명할 수 있다. 원숙기에 접
어든 80세 건축가의 유작인 제주부영호텔&
리조트는, 리카르도 레고레타를 상징하는
요소들을 통해 그의 건축 작품을 더 강렬하
고 자극적으로 만든다. 멕시코의 눈부신 태

양만큼이나 제주 땅에 내리쬐는 태양도 아
름답다. 그는 빛의 변화를 활용해 색의 오묘
한 질감을 느끼게 하면서도 때로는 엷은 파
스텔 톤으로 보이도록 만들었다. 벽이 만든
경계에 시시각각 변화하는 색과 빛이 더해
져 공간적 깊이를 눈과 몸으로 느낄 수 있다
는 점이 가장 극적이다.

각각의 건축물은 해안을 바라보는 경사
진 지형을 따라 'L'자형으로 배치되었다. 숙
박 기능을 가진 6개 건축물의 저층부가 연
결되어 있으나 상층부는 독립적으로 구성되
었다. 이러한 설계 덕분에 제주부영호텔&
리조트 안의 건축물은 저마다 다른 방향으
로 중문의 해안 경관을 인식한다. 외부 중앙
에 마련된 수공간은 중심부의 정원이 바다
와 어우러질 수 있도록 조성되었다. 한편 정
면에 해당하는 4개 건물은 거대한 격자형
철골 지붕으로 연결되었다. 태양의 고도에
따라 숙박 공간 사이로 햇빛과 그림자가 자
연스럽게 스며든다. 원래는 이와 유사한 기
능을 가진 구조물이 정면 출입구에 설치되
기로 계획되었으나, 이후 일부 설계가 변경
되면서 현재의 주 출입구 모습은 초기 디자
인과 달라졌다.

제주국제컨벤션센터
ICC Jeju

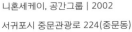

니혼세케이, 공간그룹 | 2002
서귀포시 중문관광로 224(중문동)

1996년 8월 제주 도(道) 승격 50주년 기념 행사에서 컨벤션센터의 필요성이 제기되었다. 회의 개최 및 유지 시설을 마련해 관광산업 위주였던 제주의 성장을 바라는 취지에서 일종의 도민 주주 형식으로 건립이 추진되었다. 제주 도민과 재외 도민이 주식 매

입에 참여해 2002년 제주국제컨벤션센터가 준공되었다. 현상설계 공모를 통해 당선된 최초 계획안은 제주 지형을 차용한 타원형이었다. 한편 컨벤션센터 옆의 앵커호텔은 반달 모양의 3개 매스로 계획되었다. 이는 제주 신화의 고을나(高乙那), 양을나(良乙那), 부을나(夫乙那) 이야기를 형상화한 것이다. 그러나 당시 여러 사정으로 앵커호텔은 건립되지 못했다. 제주부영호텔&리조트는 제주국제컨벤션센터의 앵커호텔이지만 2014년에 문을 열었다.

제주국제컨벤션센터는 5층 규모로 건축되었다. 1층은 상설 매장과 이벤트홀, 2층은 소회의실, 3층은 비즈니스 센터와 레스토랑, 4층은 중소회의실, 5층은 대형 행사 공간 등으로 구성되어 있다. 주 공간의 오른쪽에는 작은 원형 공간이 있다. 이곳은 형태적으로 주 공간과 보완 관계를 이루며, 기능적으로 카페테리아, 레스토랑 등의 부대시설이 들어서 있다. 외관은 제주를 둘러싼 바다의 모습을 형상화한 글라스 커튼월(curtain wall)로 마감했다.

플레이케이팝
Play K-Pop Theme Park
김기웅 | 1993

서귀포시 중문관광로110번길 15(색달동)

독립기념관, 국립제주박물관 등을 설계한 김기웅이 건축했다. 개성을 살리면서도 제주의 향토성을 설계에 적극적으로 반영했다. 원래는 제주관광센터였으나, 현재는 건축물 용도가 변경되어 플레이케이팝(Play K-Pop), 초콜릿랜드(Chocolate Land), 무비랜드(Movie Land) 등의 테마파크로 운영하고 있다. 2개 건물이 '일(一)'자형 배치를 이룬 것이 특징이다. 외관은 제주 고유의 소재인 현무암을 활용해 마감했다. 수평 줄눈(horizontal joint)을 강조한 벽면 장식 처리가 돋보인다. 또한 처마가 깊지 않으며 벽체가 지붕으로 이어져 제주의 건축양식을 잘 표현하고 있다.

제주국제평화센터
International Peace Center Jeju
현신종합건축사사무소 | 2006

서귀포시 중문관광로 227-24(중문동)

각국 정상(頂上)의 제주 방문을 기념하기 위한 '정상의 집' 건립이 2001년 추진되었다. 이곳은 정상들의 물품을 전시하는 장소, 국제회의 공간 등으로 계획되었다. 한때 김대중 전(前) 대통령의 노벨평화상 기념관이라는 논란이 일기도 했으나, 2005년 제주가 '세계 평화의 섬'으로 지정되면서 공간의 필요성이 부각되었다. 아울러 4·3사건을 통해 화해와 상생의 가치를 정립하고 제주를 동북아시아 평화의 중심으로 육성하기 위해, 2006년 준공된 제주국제평화센터에 '제주평화연구원'이 개원했다. 제주국제평화센터는 중앙 홀, 기획전시실, 세미나실 등으로 이루어져 있다. 중앙 홀의 상부는 높은 철골 구조와 유리로 마감되었다. 그 덕분에 외형적 상징성을 갖고 내부 채광 기능도 확보했다. 중앙 홀의 상부 구조물을 비롯한 외관 디자인은 중문지역 해안의 주상절리(柱狀節理)를 모티프로 삼았다.

롯데리조트제주
아트빌라스

Lotte Resort Jeju Art Villas

승효상, 도미니크 페로,
이종호, 구마 겐고, DA그룹 | 2012
서귀포시 색달중앙로252번길 124(색달동)

롯데리조트제주 아트빌라스는 국내 건축
가 승효상, 이종호, 프랑스의 도미니크 페로
(Dominique Perrault), 일본의 구마 겐고
(隈硏吾), 건축 설계 전문 업체 DA그룹이
저마다의 개성을 살려 설계했다. 국내외 유
명 건축가의 참여로 오픈 전부터 많은 관심
을 불러일으켰는데, 건축적으로는 잘 알려
지지 않은 측면이 있다.

도미니크 페로가 설계한 숙박 시설은 기
하학적 형태의 공간에 숙박 기능을 적절히
안배했다. 그는 경사지의 이점을 최대한 살
려 주변 풍경을 의식해 디자인했다. 그러나
건축 재료, 형태, 배치 등에서 제주 땅이 가
진 특별한 무엇인가를 발견하기 어려운 것

도 사실이다. 반면 구마 겐고가 설계한 숙박
시설은 얼핏 보기에 무덤을 연상시킨다. 완
만한 곡선 형태의 지붕 디자인과 과감한 외
부 마감재의 사용은 특정 재료에 구애되지
않는 건축가의 사고가 드러나는 부분이다.
구마 겐고가 자신의 저서 『자연스러운 건축
(自然な建築)』에서 언급했듯, 자유로운 재
료 선택과 사용을 통해 자신만의 건축 스타
일을 표현하고 지역 특성을 조화롭게 반영
한 것이 아닌가 싶다.

이처럼 외국 건축가가 다른 나라의 땅을
이해하는 데에는 여러 가지 제약이 뒤따랐
을 것이다. 롯데리조트제주 아트빌라스가
상업적 목적으로 출발한 건축물이기에 설
계 당시 건축가로서 한계를 느끼기도 했을
것이다. 그렇기 때문에 건축의 완성도 면에
서 호평받는 것은 쉽지 않으며 미처 호평받
지 못한 부분도 있기 마련이다. 그들의 작품
은 건축이라는 틀 안에서 지역성과 향토성
의 문제에 대해 다시금 생각할 기회를 제공
한다. 이는 풍경을 만드는 땅에 대한 이해,
재료 사용의 다양성, 내부 공간을 통한 차
경(借景) 기법과 조직화 방법, 건축의 상품
화 가능성 등을 엿보는 작은 단서가 될 것이
다. 특히 건축의 상품화를 통해 새로운 비즈
니스 모델로 가능성을 보여주었다는 점에서
그에 적합한 평가가 이루어져야 할 것이다.

제주신라호텔

The Shilla Jeju

삼우종합건축사사무소 | 1991

서귀포시 중문관광로72번길 75(색달동)

제주신라호텔은 중문관광단지에 위치한 대표적 호텔 가운데 하나다. 원래 건축 계획에서는 2만 5,000평 대지의 활용과 증축을 염두에 두고 기능별로 구분된 조닝(zoning) 블록을 배치했다. 평면은 주위 경관의 다양한 전망을 고려해 각각의 블록을 조합하되 저층으로 처리했다. 해안으로 흐르는 지형에 순응하면서 수직적 혹은 수평적으로 공간이 연결되도록 설계한 것이다. 외관은 주위 환경과 전반적으로 조화를 이루는 마감재를 선택했으며 자연색 위주의 중간 색상을 사용했다. 또한 열대식물과 같은 제주의 자연 재료를 조경 작업에 이용해 남국(南國)풍의 친숙하고 편안한 분위기가 느껴지도록 했다. 전체 인테리어는 단순한 아름다움을 살렸으며 내부 공간에도 통일감을 주기 위해 빛, 물, 나무 등 자연의 요소들을 적극적으로 도입했다.

하얏트리젠시제주

Hyatt Regency Jeju

WATG, 동해건축 | 1985

서귀포시 중문관광로72번길 114(색달동)

하얏트리젠시제주의 기본 설계는 미국 건축 사무소 WATG(Wimberly, Allison, Tong & Goo)가 맡았고, 실시 설계는 한국 건축 사무소 동해건축이 진행했다. 초기 계획 당시 한국에는 리조트형 호텔에 대한 자료와 건설 경험이 부족했다. 더욱이 미국 건축사무소와의 협업 과정에서 각국의 법규, 자연환경, 문화 등의 차이로 세부 사항을 결정하는 데 어려움이 있었다.

협의 과정에서 전제했던 점은 주변 지형을 유지하는 것이었다. 주변 등고선을 가급적 그대로 살리고 지하실, 로비, 절벽 등의 부분에서 자연스러운 입면이 형성되도록 지형 흐름을 이용했다. 그러나 고도제한으로 건축물의 높이가 다소 낮아졌고, 기준 층의 높이가 2.8미터밖에 되지 않아 설비 체계 마련에 어려움을 겪었다. 결국 저층부에만 기둥을 세우고 3층 이상은 월(wall) 타입으로 처리해 구조 문제를 해결했다. 내부 공간은 하얏트리젠시샌프란시스코 등과 마찬가지로 중앙 홀을 오픈형으로 디자인해 하얏트의 상징처럼 표현했다.

테디베어뮤지엄제주

Teddy Bear Museum Jeju

두가CNC종합건축사사무소 | 2001

서귀포시 중문관광로110번길 31(색달동)

테디 베어(Teddy Bear)는 미국 제26대 대통령 시어도어 루스벨트(Theodore Roosevelt)의 애칭 '테디(teddy)'에서 유래했다. 봉제 곰 인형을 주제로 전시를 구성한 테디베어뮤지엄은 미국 플로리다, 유럽 등지에서 운영되고 있다. 중문관광단지의 테디베어뮤지엄제주는 전 세계 10여 개 테디베어뮤지엄 가운데 규모가 큰 편이다.

건축적으로도 배치 형상이 아주 독특하다. 등고선의 선형(線型)을 따라 각기 다른 축을 가진 매스가 교차하도록 했다. 또한 그 교차점에 원뿔 모양의 아트리움(atrium)을 두어 상징적이고 기능적으로 구성했다. 주 공간은 지하에 두어 도로에서는 박물관이 거의 보이지 않는다. 도로에 접한 곳은 높고 대지 안쪽은 낮아지도록 30미터 정도의 높낮이 차이를 두었다. 그 덕분에 외부에서는 정원과 함께 아트리움만 보인다. 관람객은 아트리움을 통해 바다와 하늘이 보이는 경관을 의식하며 자연스럽게 전시 공간으로 들어가게 된다. 앞면에는 개방된 정원과 주차장이 자리 잡고 있다. 뒷면은 테마정원으로 조성해 아트리움과 연계되도록 구성했다. 한편 건축물의 형태와 기능은 세 가지 기본 모듈(3.6×3.6미터, 3.6×7.2미터, 7.2×7.2미터)로 계획되었다. 내부 공간은 1층 로비에서 좌우로 입장과 퇴장의 동선이 분리된 구조이기 때문에 아트리움이 중심을 차지한다.

제주스테이비우다
Jeju Stay Biuda
방철린 | 2013
서귀포시 색달중앙로121번길 45(색달동)

제주스테이비우다는 서귀포시 색달동의 비교적 완만한 지형에 자리 잡은 부티크 (boutique) 숙박 시설이다. 주변이 감귤밭을 비롯해 방풍림인 삼나무로 둘러싸여 있는 제주의 농촌이다. 이곳에서 흔히 찾아볼 수 있는 감귤 창고는 제주 사람들이 만든 최고의 건축 작품이다. 이는 가장 미니멀 (minimal)한 건축이자 토속적 건축이기도 하다. 감귤 창고는 현무암을 쌓아 시멘트를 접착제로 활용한 외벽과 목조 트러스의 경사지붕(sloped roof)을 갖는다.

한편 제주에서는 풍수지리적 요소보다 바람길, 물길 등을 고려해 좌향(坐向)을 결정한다. 그렇기 때문에 마을 단위로 볼 때 가옥 배치가 일정하지 않으며, 숲에 둘러싸인 지붕의 올망졸망한 모양새는 압도적으로 토속적이다. 건축가 방철린은 제주에서 쉽게 접할 수 있는 감귤 창고의 단순한 형태와 외벽의 거친 질감, 제주 마을의 원풍경을 설계 모티프로 삼았다.

제주스테이비우다의 설계는 '채우다'와 '비우다', 즉 '솔리드(solid)'와 '보이드(void)'라는 보편적 건축 개념에서 시작되었다. 공적 공간(카페, 식당)과 사적 공간(객실)을 채움과 비움의 관점에서 구분한 점, 상부 벽체를 송판노출콘크리트로 마감한 다음 그것을 여러 방향으로 흩어지게 배치해 채움과 비움의 공간을 만든 점, 숙박동 외부와 내부를 채우고 비운 점 등이 그러하다. 특히 단독 빌라형 숙박동은 주변 지형과 풍경이 이끄는 시선에 따라 흩어지거나 군집해 바람길, 물길을 의식한 작은 마을을 형성했다. 이러한 건축 형태의 독특함이야말로 '제주성'의 은유적 표현이다. 하늘에 닿은 경사지붕이 통일감과 일체감을 유지하면서도 10여 개 숙박동은 각각 다른 방향을 주시하며 형태와 기능의 독립성을 갖는다. 지역적 특성과 공간적 특징을 활용해 하우스 콘서트(house concert)를 여는 등 문화 공간으로 변신하는 점도 제주스테이비우다의 또 다른 매력이다.

법화사

Beophwasa

건축가 미상 | 고려시대

서귀포시 하원북로35번길 15-28(하원동)

법화사(法華寺)는 고려시대에 창건된 사찰이다. 조선 초기 이 사찰에 배속된 노비가 280여 명이었을 정도로 규모가 컸으나 조선 후기 폐사되었다. 1982년부터 여덟 번에 걸친 발굴 조사를 통해 고려 후기와 조선 전기의 건물지, 외곽 담장지, 연지(蓮池) 추정지 등의 유구(遺構)가 확인되었다. 특히 왕실 건축 이외에 사용하지 않았던 운봉문(雲鳳紋) 암막새, 운룡문(雲龍文) 수막새, 명문기와 등이 다량 출토되었다. 이를 통해 단순한 사찰이 아니라 왕실과 연관된 사찰이었던 것으로 추정된다. 1987년 대웅전을 시작으로 1990년까지 남순당, 요사채 등이 차례로 복원되어 오늘날에 이르렀다. 발굴 조사에서 확인된 근거를 토대로 3,000평 규모의 연지가 복원되었고, 연지 안의 2층 누각 구화루(九華樓)도 완공되어 장관을 이룬다. 연지는 불교의 구품(九品) 세계관을 상징한다. 법화사에서는 매년 여름 연꽃축제도 진행된다. 제주특별자치도 기념물 제13호로 지정되었고, 대한불교조계종 제23교구 관음사(觀音寺)의 부속 사찰이다.

약천사

Yakchunsa

정한건설 | 1998

서귀포시 이어도로 293-28(대포동)

약천사(藥泉寺)에 대한 구체적 기록은 없으나 법화사의 부속 암자라는 설이 있다. 실제로 서귀포지역 사람들은 약천사가 위치한 곳을 도약천(道藥泉, 약수가 흐르는 샘)의 의미로 '도약샘' '돽샘' '돽새미'라 불렀는데, 예로부터 그곳에 작은 암자가 있었다고 전해진다. 현재의 약천사는 혜인 스님의 주도로 1982년경 건축에 대한 논의가 시작되었다. 1996년 지하 1층, 지상 30미터 규모, 총면적 3,305제곱미터의 대적광전(大寂光殿)이 건립되었다. '동양 최대 규모의 단일 사찰'이라는 수식어가 붙을 만하다. 대적광전 외에도 굴법당, 요사채, 사리탑 등이 지어져 사찰로 형태를 갖추었다. 전통 사찰로서의 역사는 짧지만 약천사라는 장소에 얽힌 이야기가 풍부하다. 법당에는 4미터 좌대에 앉은 국내 최대 비로자나불상, 법당 좌우 양쪽에는 거대한 탱화, 1만 8,000기의 원불이 있다. 법당 앞에는 무게 18톤의 범종이 놓여 있어 사찰의 장대함을 더한다.

곶자왈과 중산간

곶자왈, 중산간, 오름 등 제주의 자연에는 특이한 이름을 가진 장소가 많다. 이러한 명칭은 '화산섬'이라는 지형적 특징과 지질학적 특성이 반영된 것으로, 그만큼 중요한 의미를 갖는다. 그중에서도 곶자왈은 제주어 '곶(숲)'과 '자왈(덤불)'의 합성어로 암괴지대에 형성된 숲을 말한다. 곶자왈은 크고 작은 용암이 크고 작은 돌덩이로 나뉘어 지형을 형성하면서 자연스레 동식물이 서식하게 된 원시림이다. 그렇기 때문에 곶자왈에는

다양한 동식물이 공존하며 독특한 생태계가 유지되고 있다. 경관이 수려한 곶자왈은 생태학적 측면에서 보전 가치가 매우 높다. 곶자왈에는 함몰되거나 융기된 지형이 많아 용암지대임에도 동식물이 서식하기에 최적의 환경을 갖추었다. 특히 곶자왈 함몰지의 경우 지하 동굴로 연결되거나 지하 암반층과 연결된다. 이곳에서 발생하는 지열로 남방계 식물과 북방계 식물이 공존하는 생태계가 형성되어 있다.

곶자왈은 4개 지역으로 구분된다. 4개 지역은 분포 위치와 주변 조건에 따라 생태 환경 및 경관 형성에 직간접적으로 영향

을 준다. 하천과의 관계를 살펴보면 4개 곶자왈은 크게 동서 방향으로 구분할 수 있다. 서쪽의 한경-안덕 곶자왈, 애월 곶자왈은 하천이 밀집되지 않은 지역에 위치한다. 동쪽의 조천-함덕 곶자왈, 구좌-성산 곶자왈은 대부분 제주시 방향으로 흐르는 하천의 중심부에 자리하고 있다. 또한 한경-안덕 곶자왈과 애월 곶자왈은 비교적 완만한 지형에 분포하는 것이 특징이다. 조천-함덕 곶자왈, 구좌-성산 곶자왈은 오름 군락이 형성된 지역에 분포한다.

한편 곶자왈은 해당 지역의 기후, 인접 마을의 생활 경관을 형성하는 데 영향을 주

었다. 특히 표고 200-600미터의 중산간지역과 밀접한 관계를 갖는다. 한경-안덕 곶자왈, 애월 곶자왈, 구좌-성산 곶자왈은 중산간에서 바다 방향으로 이어지는 위치에 있다. 조천-함덕 곶자왈은 대부분 중산간지역에 분포되어 있다.

제주의 중산간은 생태학 연구뿐만 아니라 경관 측면에서도 보존 가치가 큰 지역이다. 그러나 중산간지역에 대한 논의와 평가가 제대로 이루어지지 않은 채 이 순간에도 개발은 지속되고 있다. 횡단보도 설치, 농경지 개간, 골프장 건설 등 다양한 이유로 제주의 중산간은 점차 훼손되고 있다.

서귀포시 동부지역

SEOGWIPO-SI
EAST AREA

오래된 건축과 새로운 건축의
조화를 꿈꾸다

제주성읍마을, 성산일출봉과 섭지코지, 우도⋯⋯. 서귀포시
동부지역에서 기억할 만한 곳이다. 서귀포시 서부지역의 건축에
전통적·근대사적 의미가 함축되어 있다면, 서귀포시 동부지역은
수려한 자연경관에 현대적 건축물이 조화롭게 어우러진 곳이다.
조선시대 정의현의 중심이었던 제주성읍마을에는 민속자료로
잘 보존된 성곽과 초가가 있다. 하지만 리조트가 밀집한 섭지코지
주변은 개발로 현대적 느낌이 강하다. 서귀포시 동부지역의 가장
상징적 장소는 성산일출봉이다. 천연기념물 제420호인 성산일출봉은
제주의 대표적 관광지이자 제주만의 독특한 풍경을 보여주는 곳이다.
특히 광치기해변에서 바라보는 성산일출봉의 모습은 매우 아름답다.
바닷속에서 융기 후 오랫동안 풍화와 침식을 거친 성산일출봉은
지질학적으로도 그 가치를 인정받았다. 제주의 일부가 2007년
유네스코 세계자연유산으로 등재되었는데, 성산일출봉도 포함되어
있다. 제주는 2010년 유네스코 세계지질공원으로도 인증되었다.
시흥초등학교에서 성산일출봉으로 이어지는 해안 도로를 걸으면
짙은 바다 내음과 함께 성산일출봉, 오름, 마을의 풍경이 상당히
이국적으로 다가온다. 제주올레 1코스가 시흥초등학교에서 시작되는
점도 이러한 맥락에서 이해할 수 있다. 한편 서귀포시 동부지역에는
남원읍의 태흥리, 위미리, 하례리 등 해발고도 200미터 미만의 낮은
구릉지대가 형성되어 있다. 이 일대는 전국 최대의 감귤 농업 중심지라
다른 지역과는 풍경이 사뭇 다르다.

제주성읍마을
Jeju Seongeup Historic Village
건축가 미상 | 1423

서귀포시 표선면 성읍정의현로 19(성읍리)

1416년(태종 16년) 제주도안무사 오식의 건의에 따라 제주는 3개 구역(제주목, 대정현, 정의현)으로 나누어 관할되기 시작했다. 정의현의 중심지는 원래 성산읍 고성리였으나 1423년(세종 5년) 표선면 성읍리로 옮겨졌다. 성읍리의 옛 지명은 진사리다. 당시 현청 소재지를 고성리에서 성읍리로 이동한 까닭은, 관할구역 안에서 읍치(邑治)가 한쪽으로 치우쳐 행정 업무를 처리하는 데 어려움이 있었고, 우도를 통해 왜구의 잦은 침입이 발생했기 때문이다.

이 무렵 조성된 제주성읍마을은 500여 년의 역사를 간직한 전통 마을이며 성읍민속마을이라고도 불린다. 이 일대는 집단화된 문화 유적지와 다름없다. 우선 제주성읍마을은 국가민속문화재 제188호로 지정되어 있다. 천연기념물 제161호 제주 성읍리

느티나무 및 팽나무군을 비롯해 제주특별자치도 유형문화재 제5호 정의향교 등이 자리하고 있다. 우도가 제주의 지형과 풍경을 고스란히 담아낸 축소판이라면, 제주성읍마을은 제주의 역사와 문화를 그대로 간직한 축소판이라 해도 과언이 아닐 것이다. 특히 제주성읍마을은 500년 동안의 생활이 이어지고 있다는 점에서 역사적·문화적으로 의미가 크다. 제주성읍마을 곳곳에서는 제주 사람들의 삶을 눈으로 보고 몸으로 체험할 수 있다. 마을 전체가 일종의 에코뮤지엄(ecomuseum)인 셈이다.

제주성읍마을에는 국가민속문화재로 지정된 여러 채의 민가가 있다. 국가민속문화재 제68호 조일훈고택(객주집), 제69호 고평오고택, 제70호 고창환고택, 제71호 한봉일고택, 제72호 고상은고택(대장간집) 등이 있다. 진입 방향을 고려할 때 남문 앞에 위치한 고평오고택, 고상은고택, 조일훈고택을 먼저 둘러본 뒤 서문 쪽에 위치한 고창환고택, 동문 쪽에 위치한 한봉일고택을 관람하는 코스가 편리할 것이다.

제주성읍마을 고평오고택
**Go Pyeongo House
in Jeju Seongeup Historic Village**
건축가 미상 | 조선시대
서귀포시 표선면 성읍정의현로34번길
5-3(성읍리)

제주성읍마을 고평오고택은 국가민속문화재 제69호로 지정된 초가다. 정의현성 남문 길가에 자리해 유독 많은 관람객이 방문한다. 18세기 말 건축된 것으로 추정된다. 공간은 안거리(안채), 밖거리(바깥채), 이문간(바깥 대문이 설치된 집)으로 구성되어 있다. 안거리는 남향, 밖거리는 안거리를 마주보며 북향으로 배치되어 있다. 동쪽에는 서향의 모커리(곁채)가 있다.

고평오고택은 마당을 중심으로 공간을 배치하는 제주 전통건축의 기본 형식을 따른다. 흥미로운 점은 안거리와 밖거리의 배치 형식인데, 밖거리의 경우 안거리와 평행하게 배치하지 않고 안마당 쪽으로 약간 기울어져 있다. 이 덕분에 마당에서 안거리와 밖거리를 바라볼 때 마당의 깊이감과 역동적인 변화감을 갖게 한다.

3칸 구조인 안거리는 상방(마루)을 중심으로 왼쪽에 족은구들(작은 방)과 고팡(광), 오른쪽에 정지(부엌)가 있는 것이 특징이다. 오른쪽에 큰구들(큰 방)과 고팡, 왼쪽에 족은구들과 챗방(식사 공간)이 자리한 보통의 안거리 평면과는 다른 형식이다. 4칸 구조인 밖거리는 상방을 중심으로 큰구들과 족은구들이 배치되어 있다. 이는 독특한 평면 형식인데, 특히 이문간 측면에 퇴칸이 존재해 마당을 통하지 않고도 내부로 출입할 수 있다. 이러한 진입 형식은 고평오고택의 건축 당시 모습을 짐작하게 한다. 이곳이 관원(官員)의 숙소로 사용되었음을 고려할 때, 접객용 장소 등으로 공간 기능의 분화가 이루어졌을 것이다.

제주성읍마을 조일훈고택
**Jo Ilhun House
in Jeju Seongeup Historic Village**
건축가 미상 | 1901
서귀포시 표선면 성읍정의현로34번길
32(성읍리)

제주성읍마을 조일훈고택은 1979년 국가민속문화재 제68호로 지정되었다. 가옥의 소유주는 조일훈이며, 그의 할아버지가 1901년 건축한 것으로 전해진다. 마당을 중심으로 안거리, 밖거리, 모커리, 이문간이 'ㅁ'자형을 이룬다. 안거리는 3칸 구조이며 상방의 오른쪽에 큰구들과 고팡, 왼쪽에 정지와 족은구들이 있다. 밖거리는 오른쪽에 식당이 있고, 전면에 마루방과 2개 방으로 구성된다. 이는 제주 전통건축과 다른 부분이다. 객사(客舍)에 인접한 객주(客主)라 말을 메어두었던 시설과 돌의 흔적이 남아 있다. 문화재청은 이러한 특성을 반영해 조일훈고택의 명칭을 '객주집'으로 조정했다. 도로변에 붙여 이문간을 지었기 때문에 제주 전통건축의 외부적 특징인 올레가 없다. 올레는 거리에서 집으로 연결된 긴 골목이다.

제주성읍마을 한봉일고택

**Han Bongil House
in Jeju Seongeup Historic Village**

건축가 미상 | 조선시대

서귀포시 표선면 성읍정의현로34번길
22-10(성읍리)

국가민속문화재 제71호 한봉일고택은 조선 후기에 건축된 제주 전통 가옥이다. 제주성읍마을 정의현성 동문 가까이에 위치해 있다. 이 가옥은 안거리, 밖거리, 모커리가 'ㄷ'자형으로 배치되었다. 안거리와 밖거리는 각 3칸 구조로 지어졌다. 특히 안거리의 정지가 2칸 크기라 다른 가옥에 비해 넓은 편이며, 별도의 출입구 없이 난간을 통해 굴묵(아궁이)으로 출입 가능하다. 밖거리는 앞뒤가 트인 보통의 상방과 달리 뒤쪽 공간에 족은구들을 설치해 폐쇄성을 지닌다. 이 문간으로서의 기능을 갖는 모커리는 쇠막(외양간)과 헛간으로 이용되었다.

송종선가옥
Song Jongseon House

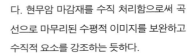

건축가 미상 | 건축연도 미상
서귀포시 표선면 하천로 149-6(하천리)

1978년 제주특별자치도 민속문화재 제 3-46호로 지정되었다. 제주 민가의 일반적 형태가 잘 드러나는 초가다. 외벽을 검은 빛깔의 돌로 쌓은 것이 특징이다. 'ㄱ'자형 가옥으로 안거리는 서향이고 밖거리는 북향이다. 3칸 구조이며 상방을 중심으로 오른쪽과 왼쪽에 방이 자리하고 있다. 특이하게도 건물의 양측에 굴묵이 존재한다. 오른쪽 굴묵은 정면에, 왼쪽 굴묵은 측면에 설치되어 있다. 굴묵의 배치 형태로 살펴보아 밖거리는 건축 초기에 지어진 것이 아니라, 어느 정도 세월이 흐른 뒤 증축한 것으로 추측된다.

천주교 표선성당
Pyoseon Catholic Church

문석준 | 2011
서귀포시 표선면 표선동서로 169(표선리)

현재의 천주교 표선성당은 노후 성당을 철거한 자리에 신축되었다. 과수원으로 조성된 대지 주변에 종교 시설이 들어선 풍경은 낯설고 새롭다. 대지의 주 진입구에 교육관을 근접시키고, 핵심 전례(典禮) 공간인 성당을 안쪽에 배치함으로써 종교적 공간에 위계를 부여한다. 주 진입구를 향해 부채꼴 형태로 계획된 성당 입면은, 작은 규모지만 시각적으로 크게 인식하도록 만들었다. 현무암과 징크 패널, 스플릿 블록(split block), 노출콘크리트를 혼용한 입면의 마감 역시 차분하고 중후한 이미지를 갖게 한

다. 현무암 마감재를 수직 처리함으로써 곡선으로 마무리된 수평적 이미지를 보완하고 수직적 요소를 강조하는 듯하다.

성당 내부에서 가장 시선을 끄는 곳은 나르텍스(narthex)다. 본래 나르텍스는 성당 정면 입구와 본당 사이에 놓이는 좁고 긴 현관을 말한다. 기능적으로는 본당에 들어가지 못한 사람들, 세례를 준비하는 사람들, 회개하러 온 사람들을 받아들이는 공간이다.

어쩌면 이곳은 세속 공간과 성스러운 공간의 경계, 안과 밖의 경계, 허가받은 자와 허가받지 못한 자의 경계적 공간이다. 이러한 경계의 공간에는 크고 작은 출입문 3개가 계획되어 있다. 신체적 장애가 있는 사람이든 없는 사람이든, 물질적으로 가진 것이 많은 사람이든 적은 사람이든, 이 세상 모든 사람이 자유롭게 출입할 수 있도록 열린 공간을 의도한 것이다. 나르텍스 천창을 통해 스며드는 햇빛은 이들에게 구원의 빛으로 전해지는 듯하다. 부채꼴 모양의 본당은 중앙 제단을 향해 있고, 둔탁해 보이는 십자가와 스테인드글라스가 종교적 경건함과 믿음을 충실히 느끼게 한다.

양금석가옥

Yang Geumseok House

건축가 미상 | 건축연도 미상

서귀포시 남원읍 신례로298번길 3-6(신례리)

양금석가옥은 남원읍 신례리의 양 씨 종가 댁이다. 이 가옥이 건축된 시기는 정확하게 알기 어려우나 60여 년 전에 지어진 것으로 추정된다. 안거리와 밖거리로 구성된 '이(二)'자형 구조이며, 모커리는 초기에 지어진 것이 아니라 훗날 증축된 것으로 보인다. 안거리는 상방을 중심으로 왼쪽에 큰구들, 오른쪽에 정지가 배치된 3칸 구성이다. 큰구들과 상방 앞에만 툇마루가 있다. 밖거리 역시 3칸 구조이며, 상방을 중심으로 앞쪽 과 뒤쪽에 툇마루가 배치되어 있는 것이 특징이다. 왼쪽에 큰구들, 뒤쪽에 고팡, 오른쪽에 족은구들이 마련되어 있다. 이처럼 양금석가옥은 방 4개, 툇마루 3개, 상방 3개로 구성된 매우 독특한 형태의 제주 전통 초가다. 2001년 제주특별자치도 민속문화재 제3-45호로 지정되었다.

서연의집

Café de Seoyeun

구승회 | 2013

서귀포시 남원읍 위미해안로 86(위미리)

2012년 개봉한 영화 〈건축학개론〉은 대학생의 첫사랑 이야기를 풋풋하고 애틋하게 담아내 호평받았다. 이 영화의 주요 배경이었던 건축물 '서연의집'을 떠올리면 여전히 감동적으로 다가온다. 이렇듯 좋은 도시, 좋은 건축은 '소통'의 과정에서 형성된다. 여기서의 소통은 이해 당사자 사이의 소통뿐만 아니라 자연환경과의 소통, 역사적 흔적과의 소통 등을 의미한다. 영화 촬영이 끝난 다음 서연의집은 시나리오 작가를 위한 집필실과 게스트하우스로 활용하려 했었다. 하지만 가설건축물이 태풍에 훼손되어 안전상의 문제로 철거한 뒤 신축했다. 〈건축학개론〉을 제작한 명필름에서는 서연의집을 명필름문화재단에 기부했고, 대중과의 소통을 중요하게 생각해 영화 팬을 위한 열린 공간으로 전환했다. 새롭게 탄생한 서연의집은 현재 카페로 운영될 뿐만 아니라 영화 속 인물과 장면을 기억하게 하는 갤러리 역할까지 수행하고 있다.

유채꽃프라자

Canola Flower Plaza

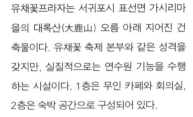

김상언 | 2013

서귀포시 표선면 녹산로 464-65(가시리)

유채꽃프라자는 서귀포시 표선면 가시리마을의 대록산(大鹿山) 오름 아래 지어진 건축물이다. 유채꽃 축제 본부와 같은 성격을 갖지만, 실질적으로는 연수원 기능을 수행하는 시설이다. 1층은 무인 카페와 회의실, 2층은 숙박 공간으로 구성되어 있다.

유채꽃프라자는 완만하게 경사진 지형을 따라 넓게 펼쳐지는 풍경을 끌어안듯 'V'자형으로 배치되어 있다. 입면 자체에서는 긴장감을 유발하는 대칭성이 느껴지지 않으나, 2개 건축물은 각각 삼목(杉木)과 노출콘크리트로 마감되어 대비되는 질감을 갖는다. 각기 다른 느낌의 건축물이 교차하듯 나지막하게 배치된 단순하면서도 소박한 형식이다. 공간적 측면에서도 대비를 갖는데, 한 쪽은 채워져 있고 다른 한 쪽은 비워 두었다. 이는 음(陰)과 양(陽), 비움과 채움의 공

간적 대비를 이룬다. 이렇게 비우고 채워진 공간은 각각 옥상 전망대와 숙박 시설로서 충실한 기능을 수행한다.

유채꽃프라자는 건축물 자체의 미학적 강조보다 주변 풍경과 지형의 조건을 수용하는 태도에 초점을 맞추고 있다. 그렇기 때문에 유채꽃프라자로 향하는 진입 과정에서는 대록산과 건축물이 다양한 풍경을 만든다. 마침내 유채꽃프라자에 이르렀을 때 대록산은 배경 역할을 하며, 낮고 긴 건축물의 형상이 두드러진다. 이러한 시각적 중첩은

계단을 따라 이어진 옥상 전망대에서 바라보는 원풍경으로 마무리된다. 이름이 '유채꽃프라자'인 만큼 3월에는 유채꽃이 장관을 이루어 많은 방문객의 마음을 설레게 한다. 하지만 꼭 3월이 아니라 12월쯤 방문해도 좋다. 겨울철 가시리의 억새 풍경이 매력적이기 때문이다. 특히 옥상 전망대에서 바라보는 겨울철 억새 풍경은 활짝 핀 유채꽃 못지않게 아름답다. 물결치는 억새의 흔들림에 올망졸망한 오름들이 어우러져 한 폭의 아름다운 그림을 완성한다.

비단 농촌만의 문제만은 아니겠지만, 국내 농촌은 급속한 인구 감소와 고령화로 쇠퇴의 과정에 놓여 있는 것이 현실이다. 실제로 이러한 인구문제는 교육 시설의 폐쇄로도 이어지고 있다. 제주의 읍·면 지역 소재 초등학교 대부분은 1960-1970년대에 지역 주민이 땅을 기부하고 직접 돌건축 방식으로 지어 사용했다.

포토갤러리 자연사랑은 2004년 옛 가시초등학교 자리에 문을 열었다. 지역 주민의 애정이 가득 담긴 가시초등학교가 폐교됨에 따라, 《제민일보(濟民日報)》 편집부국장을 지낸 사진작가 서재철이 사진 전문 갤러리

포토갤러리 자연사랑
Photo Gallery Images of Nature

건축가 미상 | 1980
서귀포시 표선면 가시로613번길 46(가시리)

붉은오름 목재문화체험장
Redorum Wood Culture & Experience Center
현군출 | 2015
서귀포시 표선면 남조로 1487-73(가시리)

붉은오름 목재문화체험장은 수련과 숙박을 위한 체험 공간이다. 붉은오름 자연휴양

림 내에 위치하고 있다. 기존 시설에 목재문화체험장이 증축된 것으로 철근콘크리트조와 목구조의 2층 규모다. 주변에 인접한 붉은오름을 의식한 듯 2개의 원(圓)이 중첩된 강한 이미지의 기하학적 모양을 취하고 있다. 시선을 끄는 강렬한 형태의 원형은 곡선으로 내부와 외부 공간의 역동성을 갖게 한다. 하지만 균질한 공간으로 자칫 단조롭게

로 재생했다. 170평 규모의 학교 건축물은 과거의 외관 구조나 흔적이 거의 변형되지 않았다. 기억의 공간, 문화생활의 공간, 자연 소개의 공간으로 재생되어 활용되고 있다. 기획 전시 공간, 소품 전시 공간을 비롯해 가시초등학교의 옛 모습을 확인할 수 있는 공간으로 구성되었다. 이곳은 서재철 관장이 오랜 시간에 걸쳐 카메라에 담은 작품을 전시하는 제1종 미술관이다. 그는 제주 사람들의 삶이 고스란히 담긴 민속자료를 비롯해, 제주의 자연경관과 동식물까지 두루 촬영했다. 포토갤러리 자연사랑은 폐교를 활용한 문화 공간 가운데 김영갑갤러리

두모악과 함께 제주의 대표적 사진 전문 갤러리로 평가받는다. 서재철 관장은 갤러리 뒤편의 소박한 숙소에 거주하며 애정을 담아 이곳을 가꾸어 가고 있다.

느껴질 수도 있다. 목재문화체험장은 이러한 단점을 보완하기 위해 중정을 형성하는 내부 원을 중심에 두지 않는다. 오히려 약간 다른 방향으로 치우치게 함으로써 공간의 단조로움을 피한다. 특히 목재로 마감 처리된 입면은 층고에 높이 변화를 주어 중앙의 중정과 경사지붕의 형태, 경사지붕의 용마루 선이 고스란히 드러난다. 멀리서 바라보면 목재문화체험장은 마치 붉은오름의 부속인 작은 오름처럼 느껴질 만큼 주변 풍경에 자연스럽게 동화되어 있다.

큰 원에 해당하는 공간은 체험 공방, 상품 판매실, 전시실 등으로 구성되어 있다. 작은 원에 해당하는 공간은 4개의 시범 목조 주택을 묶어 목재 체험 공간으로 활용할 수 있도록 계획되었다.

김영갑갤러리두모악
Kim Young Gap Gallery Dumoak

건축가 미상 | 1984

서귀포시 성산읍 삼달로 137(삼달리)

제주의 아름다운 풍경을 한 폭의 그림같이 카메라에 담았던 사진작가 김영갑. 김영갑 갤러리두모악은 그의 사진이 전시된 곳이자 작은 기념관 성격의 갤러리다. 이곳이 관람객의 마음을 사로잡는 까닭은, 김영갑의 노력과 열정이 갤러리에서 생생하게 느껴지기 때문이다. 그는 시시각각 변하는 제주의 날씨처럼 변화무쌍한 제주의 풍경을 사진에 담아냈다. 1984년 지어져 1998년 폐교된 신산초등학교 삼달분교를 2001년 임대

해 직접 공사한 뒤 2002년 개관했다. '두모악(頭毛岳)'은 한라산의 옛 이름으로 그의 제주 사랑을 엿볼 수 있는 부분이다. 앞마당을 돌과 나무로 정성스럽게 꾸몄고, 교실로 구획된 벽체를 철거해 시청각실과 전시 공간을 마련했다. 2005년 5월 29일 김영갑은 자신의 손길이 구석구석 닿은 이곳에서 눈을 감았다. 그의 유해는 화장되어 마당에 뿌려졌다. 김영갑은 임종 직전까지 글을 남겼으며, 2004년 사진 에세이 『그 섬에 내가 있었네』가 출간되었다. 그는 이 책을 통해 제주에 대한 자신의 생각과 애착을 전했다.

김영갑은 충남 부여 태생이다. 서울과 제주를 오가며 사진 작업을 하던 중 제주의 바람에 매료되어 정착했다고 한다. 그래서인지 김영갑의 작품에는 제주 바람이 만드는 다양한 표정과 감정이 녹아 있다. 때로는 제주의 햇빛과 안개가 풍경을 만드는 주체가 되기도 한다. 생전에 그가 촬영한 수많은 필름은 현상되지 않은 채 수장고에 보관되어 있다. 그가 세상을 떠난 뒤, 2006년 2월 제자 박훈일이 김영갑갤러리두모악을 제1종 미술관으로 등록했다. 현재까지 그가 이 공간을 운영·관리하고 있다. 갤러리 뒤쪽에 무인 카페를 조성해 휴식 기능까지 갖췄다.

신영영화박물관무비스타
Shinyoung Cinema Museum Movie Star

김석철 | 1999

서귀포시 남원읍 태위로 536(남원리)

신영영화박물관무비스타는 한국의 원로 영화인 신영균이 기획하고 구상한 한국 최초의 영화박물관이다. 남쪽은 남해 방향으로 마주하고 있으며, 북쪽에는 한라산이 보인다. 자연경관이 뛰어난 장소성을 고려해 해안과 바다, 하늘과 땅이 만나는 공간을 만들겠다는 것이 설계 개념이었다. 폐쇄성이 강한 보통의 박물관 구조에 변화를 주어, 개방성과 폐쇄성이 반복되도록 공간을 구성했다. 내부 전시 공간에서 바다에 접한 테라스로 이어지는 동선이 인상적이다. 경관을 가로막지 않는 개방적 시선과 주변 숲과의 조화 등이 건축 과정에서 고려되었다.

신영영화박물관무비스타는 태극 모양의 도형이 사방으로 뻗어 나가는 형상이며, 바다와 들판의 공간이 한가운데 타원형에 몰입되는 구조다. 이러한 평면 구성은 입면 구성으로도 이어져 자유곡선을 갖는 유기적 형상으로 드러난다. 외벽은 현무암 뿜칠(spray coat)로 마감되었다. 주변의 녹색과 대비를 이루며 절제된 조화로움을 보여준다. 신영영화박물관무비스타는 제주에 내포된 이면(裏面)적 건축 언어성을 표현하고자 노력한 실험적 작품으로 평가할 수 있다.

아고라
Agora

마리오 보타, 삼우종합건축사사무소 | 2008
서귀포시 성산읍 섭지코지로 107(고성리)

아고라(agora)는 고대 그리스의 도시국가 폴리스(polis)에서 시민들이 자유롭게 토론을 벌였던 광장을 의미한다. 단어 자체로는 '집결지'를 뜻한다. 아고라는 회원 전용 라운지로 지어진 건축물이다. 교보타워, 삼성미술관 리움(Leeum) 등으로 국내에서도 유명한 스위스 건축가 마리오 보타(Mario Botta)가 설계에 참여했다.

사각형 투명 유리 장식이 놓인 중앙 마당을 중심에 두고 피트니스 센터, 라운지 등이 'ㄷ'자형으로 배치되어 있다. 이곳의 상징적 공간은 중앙 마당과 상부의 피라미드 유리 구조물이다. 낮에는 빛을 끌어들이고 밤에는 빛을 발산하는 조형물로 변신한다. 특히 유리 구조물 상부에는 설치미술가 안종연의 〈광풍제월(光風霽月)〉이 걸려 있다. 이 작품은 비바람이 그친 뒤 밤하늘에 떠오르는 달을 의미한다. 땅과 하늘의 중심을 상징하는 것이다. 그렇기 때문에 중앙 마당은 바다를 향해 열려 있어 수직적·수평적으로 연결된다. 중앙 마당의 경사진 부분 아래에는 인피니티 풀(infinity pool)이 있는데, 바다의 수평선과 수영장의 수면을 연결해 바다에서 수영하는 듯한 기분이 들도록 했다. 진입로는 경사 지형을 따라 굽어진 형태로 내려간다. 아래로 내려갈 때는 중앙 마당으로 이어지도록 설계되었다.

힐리우스

Hillius

삼우종합건축사사무소 | 2009

서귀포시 성산읍 섭지코지로 107(고성리)

힐리우스는 섭지코지에 위치한 단독형 빌라 단지이며 총 32동 50세대로 구성되어 있다. 마감 재료로 제주의 현무암과 목재, 노출콘크리트가 사용되었다. 단독형 고급 빌라이기 때문에 거주의 독립성이 확보되며, 각 건물은 섭지코지의 주변 해안을 조망할 수 있도록 배치를 달리했다. 특히 빌라의 평면 구성뿐만 아니라 배치에도 여러 유형을 마련했다. 이를테면 경사 지면을 이용해 건축물의 일부가 지면 아래에 묻혀 있기도 하고, 작은 건축물이 독립적 군집을 이룬 형태로 배치되기도 한다. 옥상에 녹화(綠化)가 조성된 빌라들의 모습, 완만한 지형과 세련된 조경이 만들어내는 풍경이 아름답다. 피

트니스 센터, 회원 전용 라운지, 실외 수영장 등을 갖춘 아고라가 인접해 힐리우스의 부대시설로 활용된다.

빌라 빌레쿨라

Villa Villekula
조정구 | 2016
서귀포시 토산중앙로49번길 8(토산리)

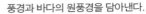

빌라 빌레쿨라는 단독형 소규모 목조 펜션
이다. 펜션 이름은 삐삐의 집 '빌라 빌레쿨
라(Villa Villekula)'에서 따온 것이다. 삐삐
는 1969년 스웨덴에서 제작된 TV 드라마
〈말괄량이 삐삐(Pippi Långstrump)〉의 주
인공이다. 동명의 동화가 원작인 이 작품은
1979년 국내에서도 인기리에 방영되었다.
빌라 빌레쿨라는 규칙이나 일정에 구애되지
않고 편안히 지내는 공간이라는 의미로 해
석할 수 있다. 숲으로 둘러싸인 완만한 경사
지에 지어진 이 건축물은 '일(一)'자형으로
배치되었다. 뒤로는 숲, 앞으로는 밭담의 근

풍경과 바다의 원풍경을 담아낸다.

빌라 빌레쿨라의 건축적 특징은 본채와
별채로 구성된 공간 구조에서 찾아볼 수 있
다. 2개 건물은 독립된 출입구를 가졌으나
자유로운 이동이 가능하도록 연결되어 있다.
2층 규모의 본채 1층에는 거실, 주방 및 식
당, 욕실 및 화장실 등이 있다. 계단을 오르
면 마치 사랑채처럼 2층의 침실과 화장실이
나타난다. 별채는 스튜디오 형식으로 설계
되었다. 가로로 길고 넓은 창을 가진 누마루
가 눈에 띈다. 거실과 주방 및 식당은 지형
조건에 순응해 만들어졌다. 각 공간은 약간
의 높낮이를 가지면서도 계단으로 이어진다.
이는 거실에서의 조망을 비롯해 주방 및 식
당의 독립성과 연결성을 확보한 것이다.

건축물의 형태도 눈여겨볼 만하다. 외형
은 징크 패널, 목재, 돌 등으로 마감되었으
며 내부는 목조의 질감을 그대로 살렸다. 한
옥을 현대적으로 표현해 절제된 아름다움이
느껴진다. 별채의 경우 벽체에 지붕을 얹은
듯한 모습이 인상적이다. 벽체와 지붕의 분
리를 통해 공간적 입체감을 갖는다. 빌라 빌
레쿨라는 2017년 대한민국목조건축대전에
서 본상을 수상했다.

글라스하우스
Glass House

안도 다다오, 간삼건축종합건축사사무소 | 2008
서귀포시 성산읍 섭지코지로 107(고성리)

글라스하우스는 휘닉스제주(Phoenix Jeju) 정동향에 위치한 건축물이다. 일본 건축가 안도 다다오의 모던하고 아름다운 설계가 돋보이는 작품이다. 1층에는 지포뮤지엄(Zippo Museum)이 자리하고 있으며, 2층에는 레스토랑 민트(Mint)가 운영되고 있다. 이 건축물은 안도 다다오의 건축적 특징인 노출콘크리트와 유리의 결합을 상징적으로 보여준다.

글라스하우스는 3개의 매스가 독립적으로 기능하면서 유기적으로 결합된 것이 특징이다. 1층의 2개 매스 위에 'V'자형 매스를 얹은 형태가 인상적이다. 2층의 'V'자형 매스는 경사진 지형을 따라 바다를 감싸듯 언덕 위에 얹어 놓은 모양새다. 매스에서 바다로 향하는 길목은 화사한 정원으로 꾸몄다. 방문객이 바다와 하늘 사이의 공간을 산책할 수 있도록 경사로를 만들었다. 특히 언덕 위에 놓인 건축물이 단조롭게 보이지 않

도록 건축적 장치를 마련했다. 그 장치는 바로 진입구에 설치된 곡선의 벽면이다. 이 벽면은 주 출입구까지의 진입 통로가 공간적 영역을 갖게 하며, 때로는 곡선 형태의 벽면에 자리한 문이 성산일출봉을 담는 사진 프레임으로 작동한다.

유민미술관
Yumin Art Nouveau Collection
안도 다다오, 간삼건축종합건축사사무소 | 2008
서귀포시 성산읍 섭지코지로 107(고성리)

휘닉스제주 안에 위치한 유민미술관의 개관 당시 이름은 '지니어스 로사이(Genius Loci)'였다. 지니어스 로사이는 '그 땅의 수호신'이라는 사전적 의미를 가진다. 땅의 수호신이 그 땅의 가치와 자연의 모습을 지키듯 건축물은 지하에 배치되었다. 이곳은 내부 리모델링을 거쳐 2017년 6월 새롭게 문을 열었다. 원로 법조인 겸 언론인 홍진기의 아호 '유민(維民)'을 따와 유민미술관으로 명칭을 변경했다.

유민미술관은 그가 오랜 시간 공들여 수집한 프랑스 아르누보(Art Nouveau)의 유리공예 작품을 중심으로 전시 공간이 구성되어 있다. 아르누보는 19-20세기에 걸쳐

프랑스를 비롯한 유럽 전역에서 유행한 예술 양식을 일컫는다. 전통적 유럽 예술의 틀을 벗어나 새로운 양식을 추구하는 예술운동이다. 그중에서도 프랑스 아르누보는 자연, 일본 미학 등을 모티프로 삼았다.

유민미술관은 지중(地中)에 감춰져 있으며, 지상에 드러난 외부 공간이 성산일출봉을 원풍경으로 끌어들인다. 이는 돌과 바람, 야생화로 조성된 일종의 랜드스케이프(landscape) 공간이다. 특히 수공간 끝에 놓인 벽의 가늘고 긴 수평 개구부는 성산일출봉을 한 폭의 사진처럼 보여준다. 한편 관람객은 이중벽 구조로 형성된 경사진 진입로를 따라 내부 전시장에 이르게 되는데, 폐쇄적 공간이 만들어내는 고요함을 체험하게 된다. 이곳은 명상 공간으로 유도하는 장소이자 준비하는 곳이다. 건축물 외벽의 노출 콘크리트와 제주석으로 마감된 옹벽(擁壁)이 이질적 대비를 이룬다. 자연성과 인위성의 대비를 통해 긴장감을 유도하는 것이다. 그 속에 빛과 바람이 스며들고 푸른 하늘의 자연미가 가미되면서 긴장감을 완화하며 감성적 공간으로 변한다. 내부는 4개의 정사각형 공간으로 나뉘었고, 8개의 전시 공간으로 구성되었다. 이는 명상 공간뿐만 아니라 복도 공간까지 포함한 것이다. 관람객은 건축가가 의도한 동선을 따라 이동하면서 각각의 전시 공간을 감상하게 된다.

협자연대

Hyeopja Yeondae

건축가 미상 | 조선시대

제주 서귀포시 성산읍 섭지코지로 261(고성리)

제주의 연대(煙臺)는 높은 지대에 위치한 내륙의 연대와 달리, 바다에 가깝게 위치하며 평탄한 지형에 자리 잡고 있다. 이러한 지리적 조건 때문에 해안도로 개설 등의 건축 행위로 훼손된 사례도 적지 않다. 협자연대(俠子煙臺)는 긴 판석을 층층히 쌓아 올린 형식으로 축조되었다. 개략적인 크기는 하부 9×8.9미터, 상부 8.6×8.6미터, 높이 3.1미터다. 원래 협자연대는 수산진(水山鎭)에 소속되어 있었다. 별장(別將) 6명, 봉군(烽軍) 12명이 배치되어 관리와 운영을 담당했던 것으로 전해진다.

협자연대는 제주의 대표적 관광지인 섭지코지 해안에 위치해 주변 경관이 뛰어난 연대 가운데 하나다. 축조 당시의 원형이 유지되고 있다는 점, 주변의 풍광이 뛰어나다는 점, 인근에 유명 건축가가 설계한 현대 건축물이 밀집되어 있다는 점 등의 측면으로 볼 때 관광자원으로서 가치가 높다. 해안도로를 이용한 접근성도 좋은 편이라 많은 관광객이 이곳을 찾는다.

조랑말박물관

Jeju Horse Museum

윤웅원, 김정주 | 2012

서귀포시 표선면 녹산로 381-15(가시리)

조랑말체험공원 안에 조성된 말 전문 박물관이다. 조랑말체험공원은 승마장을 비롯해 캠핑장, 카페, 아트숍 등 체험 중심의 말 관련 공간과 각종 부대시설로 구성되어 있다. 가시리는 조선시대부터 목축문화로 유명한 마을이었다. 가장 크고 좋은 말을 키우는 마장이라는 뜻의 갑마장(甲馬場), 대록산과 따라비오름 사이의 평원에 위치한 대규모 목장 녹산장(鹿山場) 등이 오래전부터 이 지역에 있었다. 고산자 김정호의 〈대동여

지도〉 제주판에 표시된 십소장(十所場, 세종의 지시로 만든 10개의 국영 목마장) 위치를 통해 알 수 있듯이, 해안지역에서 중산간지역으로 옮겨지며 발전한 목축문화는 제주 사람들의 삶에서 큰 축을 이룬다.

조랑말박물관에서는 중산간지역을 중심으로 발달한 목축문화, 테우리(말몰이꾼)의 삶, 조랑말의 생태 등을 살펴볼 수 있다. 주 전시 공간인 2층은 이야기관, 역사관, 문화관으로 구성되어 있다. 제주의 토종 말은 체형이 작지만 자생력이 강해 제주 농경문화에서 중요한 가축이었다. 몸집이 작아 흔히 조랑말이라 부른다.

조랑말박물관은 기하학적 형태 가운데 가장 강한 구조인 원통형으로 디자인되어 있다. 원은 밖으로 확산되는 형태와 중심으로 끌어들이는 형태에 따라 공간 구성의 원칙과 기능이 달라진다. 전자의 경우 세포가 증식하는 형태, 즉 유사하거나 동일한 원형의 파편들이 원의 중앙으로부터 덧붙여지고 확산되는 공간 확장성을 갖는다. 반면 후자는 사람의 움직임이나 시선을 중심으로 집중시키고자 공간을 비우거나 조경을 계획하며 의도적으로 동선을 끌어온다. 이는 전자

와 달리 여러 건축적 기법과 장치를 통해 공간 축소성을 갖는 형태.

조랑말박물관은 공간 축소성의 형태를 취하고 있다. 1층에 편의 시설을 두고 중정 계단을 통해 2층 전시 공간으로 진입하도록 설계되었다. 주 전시 공간을 둘러본 뒤에는 동선이 옥상으로 자연스럽게 이어진다. 구조적으로는 철저히 중심을 지향하지만, 이 중심성이 내부 전시 공간에 공유되지는 않는다. 또한 폐쇄성을 높이는 박물관 외피 2겹은 2층 진입로 사이의 작은 개구부를 통해 가시리 풍경을 암시적으로 보여준다. 조랑말박물관 옥상에 올라가면 눈앞에 조랑말 체험공원이 펼쳐진다. 가시리의 목축문화 풍경을 온몸으로 받아들일 수 있다. 재정적 문제 등으로 조랑말박물관 외관은 다소 완성도가 낮아 보이는 것이 사실이다. 하지만 가시리의 아름다운 자연과 거친 목축 환경의 단면을 보여주는 듯해 오히려 자연스럽게 느껴진다.

정의향교

Jeongui Hyanggyo

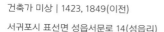

건축가 미상 | 1423, 1849(이전)

서귀포시 표선면 성읍서문로 14(성읍리)

향교는 고려 초기에 향학(鄕學)이라는 이름으로 불렸다. 조선시대에는 부목군현(府牧郡縣)에 각각 하나씩 설립했지만 이후 전국으로 확대 설치되었다. 정의향교는 1423년(세종 5년)에 정의현 서문 밖에 세워졌다. 제주목의 제주향교, 대정현의 대정향교와 그 맥을 같이한다. 1849년(헌종 15년)에 지금의 위치로 옮겨 지었다.

대부분의 향교는 남향으로 배치되어 있지만 정의향교는 동쪽을 향해 있다. 현재 이곳에는 대성전, 명륜당, 동재, 서재, 삼문 등의 공간이 남아 있다. 공자와 같은 선현의 제사를 지내는 대성전, 유생 교육이 이루어졌던 명륜당이 마주 보는 구조다. 대성전과 명륜당은 건축 형식도 유사하다. 두 건축물 모두 정면 5칸, 측면 2칸의 전후좌우 퇴칸으로 이루어졌다. 1894년(고종 31년) 갑오개혁(甲午改革) 이후 교육 기능은 사라지게 되었고, 지금은 봄가을에 제사만 지내고 있다. 1971년 8월 제주특별자치도 유형문화재 제5호로 지정되었다.

돌하르방

돌하르방은 제주에서 쉽게 볼 수 있는 석상(石像)이다. '돌로 만들어진 할아버지'라는 뜻의 제주어 돌하르방 외에도 우석목(偶石木), 옹중석(翁仲石) 등 다양한 이름으로 불렸다. 이는 지역 혹은 발음에서 비롯한 표기 방식의 차이라고 이해할 수 있다. 돌하르방이라는 이름으로 알려진 것은 1970년대부터다. 제주 곳곳에 위치한 돌하르방 45기는 1971년 제주특별자치도 민속문화재 제2-1호부터 제2-45호까지 지정되었다.

조선시대 제주의 행정구역은 제주목, 대정현, 정의현으로 나뉘었으며 성문 밖에는 돌하르방이 세워졌다. 돌하르방이 제작된 시점은 김석익의 『탐라기년(耽羅紀年)』을 비롯해 1953년 제주지역의 지식인 12명이 조직한 담수계(淡水契)가 펴낸 『증보탐라지(增補耽羅誌)』에 언급된 내용을 바탕으로 추정할 수 있다. 옛 문헌에 돌하르방은 옹중석이라는 이름으로 등장한다. 1754년(영조 30년) 제주목사(濟州牧使) 김몽규가 이러한 생김새의 석상을 세웠다는 기록이 남아 있으나, 돌하르방의 정확한 제작 연대에 대해서는 여전히 해석이 분분하다.

과거 제주읍성에는 총 24기의 돌하르방이 세워졌다. 동문, 서문, 남문에 각 8기씩 존재한 것으로 추정된다. 대정현과 정의현의 동문, 서문, 남문에도 각 4기씩 총 24기가 놓여 있었다. 이를 합하면 제주 전체에 총 48기의 돌하르방이 설치되었음을 파악할 수 있다. 성문 앞에 돌하르방을 세운 이유는 다양하다. 돌하르방은 수호신 기능, 주술적 기능 등을 수행할 뿐만 아니라 도읍지 위치를 표시하기 위한 금표적(禁標的) 기능까지 갖췄기 때문이다.

돌하르방의 크기는 103-266센티미터이며 형태가 다양하다. 특히 볼록 튀어나온 눈, 크고 넓적한 코, 미소 짓는 입술 등은 투박하지만 표정을 섬세하게 묘사하고 있다. 몸체는 길고 갸름한 원통형이다.

한편 돌하르방은 양손을 처리하는 방식에 따라 다양한 언어적 표현이 가능하다. 예를 들어 대정현성의 돌하르방은 마치 손바닥을 펴고 있는 것처럼 보인다. 정의현성(현 제주성읍마을)의 돌하르방은 주먹을 꼭 쥐고 있는 듯한 모양새가 특징이다.

이처럼 대정현성과 정의현성 남문에 세워진 돌하르방은 다른 곳에 비해 모양이 독특하다. 대정현성 남문에는 돌하르방 4기가 존재한다. 그중 2기는 수염, 옷 주름 등의 태가 눈에 띄게 표현되어 있다. 정의현성 남문의 돌하르방은 유일하게 뒷면까지 다듬질된 상태다. 한편 대정현성 동문의 돌하르방 중에는 앞면 조각에 실패해 뒷면에 다시 새긴 것도 있다. 이러한 흔적은 오히려 이 돌하르방이 오래전에 만들어진 원본임을 입증하는 자료로 활용된다.

현재 돌하르방은 제주대학교, 제주시청, 삼성혈, 관덕정 등 여러 장소에 흩어져 있다. 제주시에 21기, 서귀포시 표선면 성읍리에 12기, 서귀포시 대정읍 인성리·안성리·보성리에 12기가 남아 있다. 즉 현재 제주에서는 총 45기의 돌하르방 위치를 파악하는 것이 가능하다.

제주시 동부지역

JEJU-SI
EAST AREA

제주 사람들의 삶은
오름에서 시작되었다

제주시 동부지역은 행정구역상 제주시 동(洞)지역을 중심으로 동쪽에 위치한 조천읍과 구좌읍 일대를 일컫는다. 특히 제주 환경의 상징인 곶자왈이 위치한 4개 지역 가운데 조천-선흘 곶자왈, 구좌-성산 곶자왈이 길게 분포한 곳이다. 곶자왈은 제주시 동부지역의 생태 환경과 경관 형성에 직간접적 영향을 주고 있다. 곶자왈만이 아니다. 애월읍 상가리와 하가리가 서쪽의 대표적 밭담 경관 지역이라면, 구좌읍 하도리는 동쪽의 대표적 밭담 경관 지역이다. 그리고 동서로 길게 분포한 360개 이상의 오름은 압도적 아름다움을 자랑하는 제주의 경관 요소다. 제주시 동부지역에는 오름 군락이 형성되어 있어 이동 방향에 따라 다양하고 장대한 경관을 즐길 수 있다. 둥근 언덕과 하얀 억새가 어우러진 오름 군락에서는 거칠게 부는 바람조차 풍경의 일부가 된다. 오랜 세월 제주 사람들은 오름을 삶의 무대로 밭을 일구고 가축을 길렀으며 죽어서는 이곳에 뼈를 묻었다. 어디 그뿐인가. 오름에는 외적을 막기 위한 봉수가 설치되기도 했다. 일제강점기에는 방어진지로 활용되었고, 4·3사건 때는 항쟁의 거점이자 생존의 터전이었다. 그중에서도 제주의 아픈 역사를 간직한 다랑쉬오름에 오르면 이 모든 것을 더욱 감각적으로 느낄 수 있다. 이처럼 제주시 동부지역은 제주의 자연색이 짙게 배어나는 곳, 지난날의 상처를 기억하는 곳, 이국적 풍경이 낯설고 새롭게 다가오는 곳이다. 이것을 제주시 동부지역만의 매력이라 하면 지나친 표현일까.

조천진성과 연북정

Jocheonjinseong & Yeonbukjeong

건축가 미상 | 조선시대
제주시 조천읍 조천리 2690

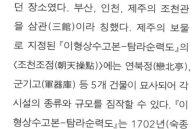

고려 말기 제주에 유민(遺民)이 유입되어 인구가 크게 늘어났다. 그러나 조선 중기에는 왜구의 빈번한 침입으로 군역 및 부역 의무가 과중해지기 시작했다. 이를 견디지 못해 육지로 도피하는 자가 많아지자 제주에 출륙금지령을 내렸다. 당시 제주 도민은 조천포(朝天浦)와 화북포(禾北浦), 오직 이 포구들을 통해서만 육지에 갈 수 있었다. 화북포는 '별도포(別刀浦)'라고도 불린다.

조천포와 화북포는 조선시대 제주와 육지를 연결하는 2대 관문이었다. 지리적으로 중요한 포구이기에, 왜구의 침입에 대비한 방어 태세 구축이 필요했다. 1439년(세종 21년)에는 3성 9진 25봉수 38연대를 정비해 방어 시설을 강화했다. 1510년(중종 5년) 삼포왜란(三浦倭亂)을 겪으면서 조천, 명월, 서귀포 등지에 방어소를 축성했고 연대를 증설했다. 조천(朝天)은 '임금님께 조공(朝貢)을 바치는 장소'에서 유래한 말이다. 조천관은 제주와 육지를 오가는 명사나 귀빈이 머무르는 장소였으며, 제주산 마필 등 조공품과 생필품을 육지로 보내기 위해 공무를 수행하던 장소였다. 부산, 인천, 제주의 조천관을 삼관(三館)이라 칭했다. 제주의 보물로 지정된 『이형상수고본-탐라순력도』의 〈조천조점(朝天操點)〉에는 연북정(戀北亭), 군기고(軍器庫) 등 5개 건물이 묘사되어 각 시설의 종류와 규모를 짐작할 수 있다. 『이형상수고본-탐라순력도』는 1702년(숙종 28년) 제주목사 이형상이 화공 김남길에게 제작을 명한 기록 화첩이다.

연북정은 '한양이 위치한 북녘을 바라보며 임금을 그리워하는 정자'를 뜻한다. 또한 제주에 유배된 이들의 충심을 확인하는 장소이기도 하다. 원래 조천진성의 외부 객사로 알려졌으나 처음 축조된 시기는 정확하지 않다. 1590년(선조 23년) 절제사(節制使) 이옥은 해안 방어를 위해 9진의 하나인 조천진성을 쌓았다. 그는 조천진성 위에 건물을 옮겨 짓고 '쌍벽정(雙璧亭)'이라 불렀다. 1599년(선조 32년) 제주목사 성윤문이 건물을 중수하고 연북정으로 개칭했다. 객사 형태로 지면에 있던 것을 진성(鎭城) 위로 옮겨 현재에 이른 것이다. 지금의 연북정은 1973년 보수된 것으로 전해진다. 건축적으로 별다른 장식 없이 지어졌다. 마루 밖으로 기둥(퇴주)을 내어 퇴칸을 만들고 기둥머리를 퇴보, 장여(長欐) 등으로 처리했다. 사면 모두 개방된 형태로 낮은 물매의 지붕이 특이하다. 연북정은 1971년 제주특별자치도 유형문화재 제3호로 지정되었다.

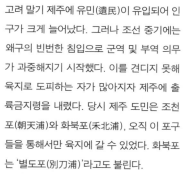

조천리 황씨종손가옥
**Hwang Family House
at Jocheon-ri**

건축가 미상 | 조선시대
제주시 조천읍 조천9길 7(조천리)

제주특별자치도 민속문화재 제4-5호로 지정된 조천리 황씨종손가옥은 보통의 제주 가옥과 다른 몇 가지 특징을 가진다. 첫째, 민속문화재로 지정된 다른 초가 혹은 와가와 비교할 때 올레의 길이가 짧은 편이다.

둘째, 가옥의 대지가 진입 도로보다 상당히 낮은 위치에 자리하고 있다. 셋째, 모커리가 이문간 맞은편의 반대 방향에 위치한다. 이러한 특징은 풍수상으로 고려된 지형적 요인이나 유교의 가치관이 크게 작용하지 않은 사회적 요인 등에서 비롯한 것이다.

평면 구성 역시 일반적 형태의 제주 와가와는 배치부터 다르다. 4칸 규모 안거리의 경우 상방을 중심으로 오른쪽에 족은구들과 작은 상방이 있고, 안쪽에 큰구들과 고팡이 자리하며, 왼쪽에 족은구들과 챗방이 위치한다. 안거리 본체와 일체 형태가 아닌 정지는 훗날 증축된 부분이다. 밖거리에는 상방을 중심으로 왼쪽에 2개의 족은구들이 있다. 오른쪽 앞에는 작은 상방이 있고, 뒤에는 족은구들이 있다. 모커리는 고팡, 구들, 정지, 상방으로 구성된 실제 생활 공간이다.

조천리 황씨종손가옥은 집의 구조, 가공의 정교함, 고팡의 크기 등에서 조선시대 종손 가옥의 권위를 짐작할 수 있다. 그렇지만 안거리와 밖거리의 규모, 장식, 높이에 따른 위계는 없다. 이는 당시 제주 민가의 특징을 제대로 반영한 것이다.

이기풍선교기념관
Yigipung Memorial Hall

정림건축종합건축사사무소 | 1998
제주시 조천읍 남조로 2125(와흘리)

이기풍 목사는 1907년 한국 장로교회에서 처음으로 목사 안수를 받은 7명 가운데 한 사람이다. 제주에 파견된 첫 선교사였는데, 부임 도중 풍랑을 만나 표류하다 겨우 생명을 건졌다. 그는 1908년부터 1917년까지 제주 곳곳에서 선교 활동을 했다. 1938년 신사참배를 거부해 1940년 투옥되었는데, 건강이 악화되어 병보석으로 석방된 뒤 1942년 여수에서 순교했다. 1998년 건립된 이기풍선교기념관은 타원형의 대예배당, 사각형과 원형으로 조합된 사무동, 사각형 매스의 연속인 기도원동 등으로 구성되었다. 대예배당과 기도원동은 사무동을 중심으로 반원형의 외부 복도로 연결되며, 중앙 광장을 감싼 배치 형태를 취한다. 이기풍선교기념관은 와흘리 산자락에 위치해 자연경관이 훌륭하다. 이러한 이유로 각 동에는 커튼월을 사용했다. 외장재로는 제주 화강석을 선택해 주변 풍경과 조화를 이루었다.

제주항일기념관
Jeju Anti-Japanese Movement Memorial Hall

김한진 | 1997

제주시 조천읍 신북로 303(조천리)

1919년 전국적으로 일어난 3·1운동은 단지 몇몇 지도자가 주도한 항일운동이 아니라 민중의 힘으로 확산된 독립운동이었다. 조천만세동산은 제주지역 3·1운동의 진원지다. 제주 안에서 전개된 집단 만세 운동의 시초가 되었기에 이곳은 아주 특별한 역사성과 장소성을 지닌다.

조천만세동산의 제주항일기념관은 3·1운동을 기억하기 위한 목적으로 만들어졌다.

철근콘크리트조 건축물이며 지하 1층, 지상 2층 규모로 건립되었다. 설계의 기본 방향은 3·1운동의 상징성을 굳건히 지켜 나가는 것으로 결정했다. 또한 조천만세동산을 효율적으로 활용하는 데 공간 구성의 주안점을 두었다. 그러한 이유로 주 진입로와 부진입로의 연계 지점에 제주항일기념관을 배치했다. 이 건축물은 기념 조형물, 옥외 전시장 등 외부 공간과도 자연스럽게 연결되었다. 제주항일기념관의 외벽은 화강석으로 마감해 친근감과 강인함을 표출했다. 내부에 자리한 중앙 홀은 1층과 2층의 전시 공간을 하나로 묶어 주는 역할을 한다. 그와 동시에 각 층의 전시 공간으로 향하는 시작이자 끝맺음을 의미한다.

낙선동 4·3성

Nakseon-dong 4·3 Fortress

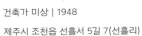

건축가 미상 | 1948

제주시 조천읍 선흘서 5길 7(선흘리)

1948년 4·3사건이 발발하자 제주의 마을은 순식간에 요새화되기 시작했다. 또한 산사람(무장대)을 토벌할 목적으로, 1949년 2월 중산간지역(표고 200~600미터 지대)에 소개령(疏開令)을 내려 주민들을 해안 마을로 이주시켰다. 그 무렵 제주 사람들의 주거 환경에는 많은 변화가 있었다.

당시 제주의 주거 형태는 크게 세 가지로 분류된다. 첫째, 기존 마을에 10척 내외 규모의 성을 쌓고 성문 입구에 초소막을 세워 감시하는 거주 형태다. 둘째, 동굴에 임시 거처를 마련하는 거주 형태다. 셋째, 소개민(疏開民)을 집단으로 관리하고 전략촌(戰略村)을 건설하는 거주 형태다. 특히 방어 공간으로 활용하기 위해 건설된 전략촌은 당시 상황이 어떠했는지 잘 보여준다. 전략촌은 소개민을 수용하거나 통제하기에 쉽다. 또한 산사람과의 연계를 차단하고 동조 세력을 색출할 목적으로 주민들을 강제 동원해 건설한 마을이었다.

전략촌으로 지어지게 된 낙선동 4·3성은 2009년 복원과 정비가 이루어졌으며, 140×110미터의 정방형이다. 축성은 반장의 책임 아래 반별로 구역을 할당해 진행되었다. 불탄 집터의 울담과 밭담을 등짐으로 실어 날라 방호벽을 구축했다. 이때 맨손으로 돌을 옮기기도 하고, 지게와 함께 짚으로 만든 등태를 활용하기도 했다. 방호벽 밑에는 외부 습격을 막기 위해 폭 1미터, 깊이 1.5미터 정도의 도랑을 판 뒤 가시나무, 실거리나무 등을 둘렀다. 이 성에는 정문과 후문이 존재했으며, 내부는 지서(支署), 임시 주택, 가축 방목지, 공동 화장실 등으로 구성되었다. 초소 위에는 원두막 형식의 집을 지어 보초를 섰다. 초소 아래에는 순번제로 대기하는 공간이 있었다. 임시 주택은 집단 주거 형식으로 1개 동 4세대 형식의 평면 구조를 취한다. 임시 거처였기 때문에 바닥에는 고사리를 깔았고, 한쪽 구석에서 밥을 지어 먹으며 살았다. 외벽에는 돌을 쌓고, 내부에는 억새로 칸막이를 설치했다. 지붕은 나무로 대강의 틀을 만들어 억새를 덮었다. 1960년대 사회가 안정을 되찾고 제주에 원주민 복귀 사업이 추진되면서 이들은 원래 거주하던 마을로 돌아가게 되었다.

118

제주돌박물관
Jeju Stone Museum

오경환 | 2006
제주시 조천읍 남조로 2023(교래리)

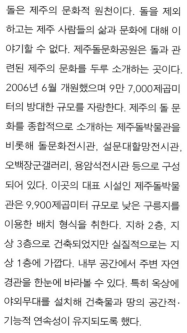

돌은 제주의 문화적 원천이다. 돌을 제외하고는 제주 사람들의 삶과 문화에 대해 이야기할 수 없다. 제주돌문화공원은 돌과 관련된 제주의 문화를 두루 소개하는 곳이다. 2006년 6월 개원했으며 9만 7,000제곱미터의 방대한 규모를 자랑한다. 제주의 돌 문화를 종합적으로 소개하는 제주돌박물관을 비롯해 돌문화전시관, 설문대할망전시관, 오백장군갤러리, 용암석전시관 등으로 구성되어 있다. 이곳의 대표 시설인 제주돌박물관은 9,900제곱미터 규모로 낮은 구릉지를 이용한 배치 형식을 취한다. 지하 2층, 지상 3층으로 건축되었지만 실질적으로는 지상 1층에 가깝다. 내부 공간에서 주변 자연경관을 한눈에 바라볼 수 있다. 특히 옥상에 야외무대를 설치해 건축물과 땅의 공간적·기능적 연속성이 유지되도록 했다.

제주돌박물관의 건축적 특징은 가장 제주다운 것을 표출하는 데 초점을 맞췄다는 것이다. 공간 형태의 구현이나 마감재 선택에서도 그런 점을 최우선으로 고려했다. 공간 형태의 구현은 제주 신화의 상징인 '설문대할망' 이야기에 근간을 두었다. 거대한 몸집의 설문대할망은 흙을 나르고 쌓아서 한라산을 만들었으며, 이때 떨어진 파편이 360개 이상의 오름으로 형성되었다. 한편 설문대할망의 죽음에 대해서는 다음과 같이 전승되고 있다. 평소 자신의 큰 키를 자랑했던 설문대할망이 여러 연못에 들어가 키를 과시하다가, 결국 한라산 물장오리에서 빠져나오지 못했다는 것이다. 설문대할망의 죽음에 얽힌 또 다른 이야기도 있다. 설문대할망은 500명의 자식인 '오백장군'을 낳았는데, 가뭄이 극심할 때 이들에게 먹일 죽을 끓이다가 죽솥에 빠져 죽었다고 전해진다. 물장오리와 죽솥은 설문대할망의 거대함과 모성애를 상징한다. 제주돌박물관은 이러한 상징성을 공간으로 형상화했다. 물장오리는 원형무대, 죽솥은 하늘연못으로 표현되었다. 지름 40미터, 둘레 125미터의 원형무대에서는 연극과 음악회 등 다양한 행사가 열린다. 하늘연못에서 시작된 물은 지하 출입 경사로 옆으로 흐르며 수공간을 만든다. 이는 설문대할망의 죽음을 통한 새로운 삶과 공간의 은유적 표현인 셈이다.

제주세계자연유산센터
Jeju World Natural Heritage Center
김용권, 조원규, 한대진 | 2012
제주시 조천읍 선교로 569-36(선흘리)

제주는 특별한 자연환경과 문화를 가진 지역이다. 이 특별함의 원천은 '땅'이라 할 수 있다. 제주는 유네스코 세계자연유산을 비롯해 세계지질공원, 생물권보전지역으로도 지정되었다. 이는 제주 땅의 가치를 인정받은 결과이자, 유네스코 자연과학 분야에서 세계 최초 3관왕을 달성한 놀라운 성취이기도 하다. 세계자연유산으로 지정된 곳은 한

라산, 성산일출봉, 거문오름 용암동굴계다. 이러한 세계자연유산을 종합적이고 체계적으로 관리하기 위해 2012년 제주세계자연유산센터가 건립되었다. 현재 이곳에서는 제주의 관광자원을 세계 여러 사람에게 선보이고자 노력하고 있다.

거문오름과 선흘리마을의 경계에 위치한 제주세계자연유산센터는, 지형의 흐름에 순

응하듯 비정형적 형태를 띤다. 기본 공간은
제주 자연의 특징을 담아내도록 설계되었다.
그래서 지형을 수용하고 훼손을 줄이기 위
해 필로티로 처리했다. 플로팅된 건물 아랫
부분은 생태 습지로 조성했으며, 바다를 연
상시키는 이미지 공간으로 구성했다. 세계
자연유산센터로서의 기능을 갖는 부분은 섬
처럼 디자인했다. 지붕은 한라산의 백록담,
성산일출봉, 거문오름의 용암동굴 등을 은
유적으로 표현했다. 매스를 여러 공간으로
분할한 중정은 채광과 통풍 기능을 최대한
살렸다. 또한 동선을 분리해 각각의 활동이
다이내믹하게 이어지도록 설계했다.

세인트포골프&리조트
Saint Four Golf & Resort

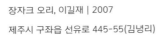

장자크 오리, 이길재 | 2007

제주시 구좌읍 선유로 445-55(김녕리)

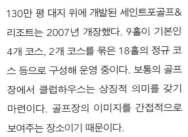

130만 평 대지 위에 개발된 세인트포골프&
리조트는 2007년 개장했다. 9홀이 기본인
4개 코스, 2개 코스를 묶은 18홀의 정규 코
스 등으로 구성해 운영 중이다. 보통의 골프
장에서 클럽하우스는 상징적 의미를 갖기
마련이다. 골프장의 이미지를 간접적으로
보여주는 장소이기 때문이다.

세인트포골프&리조트 클럽하우스는 프
랑스 건축가 장자크 오리(Jean-Jacques
Ory)와 한국 건축가 이길재의 협업을 통해
설계되었다. 주 출입구를 기준으로 좌우대
칭을 이룬 건축물의 입면 형태가 인상적이
다. 클럽하우스의 외관은 비상(飛上)을 위
해 꼬리를 펼친 듯한 모양으로 디자인되었
다. 클럽하우스 안의 중앙전망대는 전체 균
형감을 고려해 타원형으로 설계되었다. 이
는 마치 하늘로 힘차게 날아오를 것 같은 용
맹한 독수리의 모습을 연상시킨다. 중앙전
망대에서 골프장 풍경을 바라보면 과거에
이 일대가 원시림의 땅이었음을 강하게 느

낄 수 있다. 그뿐 아니라 푸른 바다와 하늘
이 조화롭게 어우러진 제주 자연의 아름다
움도 마음껏 즐길 수 있다.

한편 골퍼스플라자는 골프클럽하우스와
전혀 다른 이국적 이미지의 건축물이다. 골
퍼스플라자는 문자 그대로 '플라자(plaza)'
로서 다양한 부대시설을 갖추고 있다. 세미
나실, 연회장, 노래방, 카페, 와인바 등으로
구성된 복합 놀이 공간이다. 하지만 단순한
놀이 공간에 그치지 않고, 독창적 상상력이
결집된 골퍼의 놀이 공간으로 완성되었다.
그렇기 때문에 골퍼스플라자는 내부 중정을
만드는 타원과 외부 표면을 이루는 타원의
형태로 설계되었다. 유리로 둘러싼 외피는
각각 분할된 면으로 구성되어, 중첩과 반복
속에서 단순함과 역동성을 강조하도록 디자
인했다. 특히 내부 공간의 경우 외관보다 더
욱 역동성이 느껴져 마치 미래 도시를 연상
하게 한다. 기둥, 벽체, 천장으로 이어지는
일체화된 곡선의 인테리어가 눈길을 사로잡
는다. 은은한 색감과 천장으로 쏟아지는 햇
살도 인상적이다. 이처럼 환상적 미래 공간
으로 꾸며진 골퍼스플라자의 내부 공간은,
클래식한 분위기의 클럽하우스와는 전혀 다
른 느낌을 선사한다.

예그리나호스텔

Yegrina Hostel

박현모 | 2013

제주시 구좌읍 일주동로 1845(김녕리)

예그리나호스텔은 경작지로 둘러싸인 해안가에 근접해 건축물의 내부와 외부에서 보이는 풍경이 색다르다. 이러한 특성을 살려 제주를 연상하게 하는 자연 요소인 돌과 바람을 건축 과정에서 적극 활용했다. 해안에 인접한 대지는 제주 특유의 검은 용암류 화산석이 주를 이루며, 인근 바다에서는 지속적으로 거센 바람이 불어온다. 뜨거운 용암이 차가운 바닷물과 만나 갈라지고 부서지며 새로운 생명으로 탄생하듯, 예그리나호스텔은 바다를 향해 자리한 건축물이 여러 개의 매스로 분절되어 있다. 이 모습은 마치 건축물이 거친 바닷바람을 온몸으로 받아들이는 것처럼 보인다. 이러한 배치 기법으로 자연스럽게 형성된 틈이 '바람의 길'을 만들었고, 내부에서 해안 경관을 즐길 수 있는 '풍경의 길'도 만들었다.

예그리나호스텔은 목재와 노출콘크리트로 마감 처리된 3개 동을 하나의 그룹으로 묶어 수직적·수평적 연결 공간을 구성했다.

이처럼 열림과 닫힘, 개별성과 연결성으로 9개 동 사이에는 틈이 만들어졌다. 그 틈새로 들어온 바닷바람을 품에 안듯 건축물들은 중앙 정원을 둘러싸고 있다. 개성 있게 분절된 9개 동은 용암과 바다가 결합되어 생성된 거친 화산석의 모양을 연상시킨다. 이러한 이미지를 만들기 위해 예그리나호스텔은 사각형과 삼각형의 기하학적 형식으로 설계되었다. 복층 구조의 내부 공간에서 내다보이는 밭담과 바다, 생명력이 느껴지는 바람 등 지극히 제주스러운 유형과 무형의 요소가 시각적으로 즐거움을 더한다.

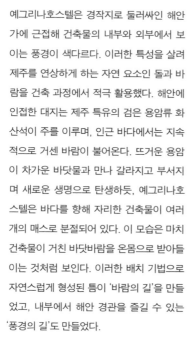

제주이승만별장

Jeju Rhee Syngman Villa

건축가 미상 | 1958

제주시 구좌읍 비자림로 1456(송당리)

초대 대통령 이승만은 1950년대 제주에 국립 송당목장(松堂牧場)을 조성하라고 지시했다. 영양 보충을 목적으로 국민에게 우유를 보급하기 위해서였다. 송당목장 건설이 본격적으로 논의된 시점은, 1956년 5월 이승만 대통령이 제주에 방문하면서부터였다. 당시 그는 미8군 사령관 출신 한미재단(韓美財團) 이사장 제임스 밴 플리트(James Van Fleet)와 동행해 도민환영대회에서 목장 건설 구상 계획을 밝혔다. 1957년 제임스 밴 플리트는 미국인 수의사와 함께 사흘 동안 제주에 머물며 3개 후보 지역(안덕면 서광리, 한림읍 금악리, 구좌면 송당리)을 시찰한 뒤 구좌면 송당리를 최적지로 잠정 결정했다. 같은 해 5월 이승만 대통령이 이곳을 직접 둘러보았고, 최종적으로 목장 건설이 결정되었다.

이에 앞서 1957년 4월에는 농림부(현 농림축산식품부)가 송당목장 건설 계획안을 발표했다. 1차 공사에는 3,540만 환(圜, 1953-1962년 국내 통용된 옛 화폐 단위)이 투입되어 1957년 10월 준공했다. 하루 평균 150명, 총인원 8,000여 명이 동원되었다. 축사 7개, 창고 1개, 특호관사 1개, 을호관사 3개 동이 지어졌다. 60킬로와트 자가발전 시설과 구내전화 등 최신 설비도 갖추었다. 또한 소규모 댐을 만들어 가축급수장에 공급하고 식수로 사용했다. 이를 위해 풍차가 설치되었는데, 매설 수도관 길이가 30리에 이르렀다. 당시로써는 상당히 현대화된 시설이 완비된 목장이었다. 송당목장은 서울 소재의 동명토건이 시공 업체로 낙찰되었으며, 공사 내용과 성격 등을 고려해 육군공병단과 민간 건설 회사가 함께 건설한 것으로 추측된다.

한편 애초 수립했던 계획과 달리 대통령 전용 특호관사를 제외하고는 귀빈용 갑호관사를 건설하지 않았다. 을호관사를 1개 동에서 3개 동으로 늘려 건설하는 등 건설 과정에서 계획이 일부 변경된 것으로 보인다. 대통령 전용 특호관사는 '제주이승만별장'으로 불리고 있으나, 실제로 이승만 대통령이 사용한 것은 단 1회뿐이다. 이 건축물의 공식 명칭은 대통령 전용 특호관사이지만 귀빈숙사(貴賓宿舍), 귀빈사(貴賓舍) 등으로 다양하게 칭해지고 있다. 제주이승만별장을 설계한 건축가가 누구인지는 정확히 알려져 있지 않다. 다만 미8군 공병대에서 설계한 것으로 추정하고 있다.

제주이승만별장의 내부 공간은 입식 생활을 전제로 계획되었다. 벽난로가 있는 거실, 외부 공간으로 연결된 부엌과 식당 등 서양의 건축 개념을 적용한 기능적 배치가 인상적이다. 거실 외부에 마련된 발코니는 필로티 처리해 거실-발코니-정원으로 자연스럽게 동선이 이어지도록 설계했다. 반면 주요 벽체의 입면은 제주의 돌을 사용해 제주다운 건축 요소로 마무리했다. 특히 외벽 일부와 발코니 바닥은 한국 전통 문양을 모티프로 삼아 표현했다. 이처럼 제주이승만별장은 제주다운 의장 요소와 한국적 의장 요소가 적절하게 어우러져 세련된 디자인으로 평가 받는다. 공간 계획이나 입면 계획에서 발견 되는 건축사적 가치뿐만 아니라 초대 대통령이 사용했던 별장이라는 점에서도 나름의 의미가 있다. 송당목장에 조성된 긴 진입로를 따라 걷다보면 끝자락에서 이 건축물이 나타난다. 현재는 복원 사업을 거쳐 일반인에게도 개방하고 있다.

해녀박물관

Haenyeo Museum

포스에이씨종합감리건축사사무소 | 2005
제주시 구좌읍 해녀박물관길 26(하도리)

제주를 상징하는 문화 요소는 여러 가지다. 노란 유채꽃 사잇길에 이어진 밭담, 제주 전통건축의 특징인 초가와 올레, 해녀 등이 그것이다. 그중 해녀는 제주의 어업문화와 생활문화를 잘 보여주는 상징적 존재다. 척박한 환경에 슬기롭게 대응하며 살아온 제주 사람들의 삶과 역사가 '해녀'라는 단어에 응축되어 있다. '제주해녀문화'가 2016년 유네스코 인류무형문화유산으로 등재된 이유도 이러한 문화적 가치를 높이 평가받았기 때문이다. 물질(해녀가 바닷속에서 해산물을 따는 일)문화의 전승, 제주 여성의 강인함과 지역공동체 정신을 계승하기 위해 2006년 6월 해녀박물관을 건립했다. 하도리 해안 근처에 위치한 해녀박물관은 지하 1층, 지상 3층 규모의 3개 전시실로 구성되어 있다. 사각형과 2개의 원통형 구조가 결합된 단순한 형태의 건축물이다. 2개의 원통형은 제주석으로 마감되어 시각적 무게감을 느끼게 하며, 내부 공간의 중심으로 기능한다. 내부 공간은 해녀박물관 본관과 해녀문화센터로 구분되어 있다. 제1전시실에서는 해녀의 생활 모습, 제2전시실에서는 바다에서의 작업 도구 및 방법, 제3전시실에서는 해녀의 생애를 들여다볼 수 있다. 본관 3층 전망대에서 바라보는 푸른 바다와 인근 마을의 풍경이 조화롭다.

우도등대
Udo Lighthouse
건축가 미상 | 1906
제주시 우도면 우도봉길 105(연평리)

일제강점기에는 원활한 물자 수송을 위해 포구 확장 등이 이루어졌고, 그 때문에 해양 교역과 어업의 모습도 변화했다. 그중 빼놓을 수 없는 것이 등대에 대한 이야기다. 현재 제주에 남아 있는 100년 이상의 역사를 간직한 등대는 3개다. 1906년 국내에서 여섯 번째로 건축된 우도등대에 이어 1915년 마라도등대, 1916년 산지등대가 지어졌다. 일제강점기에 건축된 이 등대들은 침탈한 물자를 실은 선박의 항해를 돕기 위해 만들어진 제국주의의 산물이다. 3개 등대 모두 근대 문화재로서 상당한 가치를 지니는데, 우도등대는 오랜 세월을 거치며 등대 고유의 기능뿐만 아니라 역사·문화적 상징물로도 자리매김했다. 우도등대는 1906년 3월 1일부터 불을 밝히기 시작했다. 불을 밝히는 상부의 등롱(燈籠)이 우아한 돔 형태로 설계되었으며, 계단으로 오르내리는 출입구는 근대적 장식으로 단순하게 치장되어 있다. 출입문 윗부분은 등롱과의 유사성을 갖기 위해 아치(arch) 형식으로 처리했다. 이처럼 우도등대는 디자인적으로 배려하고 고민한 흔적을 엿볼 수 있다.

별방진성
Byeolbangjinseong
건축가 미상 | 조선시대
제주시 구좌읍 하도리 3354

제주지역에는 외세 침략에 대비한 3성 9진 25봉수 38연대의 방어 유적이 있다. 별방진(別防鎭)은 9진 가운데 하나다. 이 명칭은 하도리의 옛 지명인 '별방'에서 비롯되었다. 조선시대에는 왜구 선박의 정박지가 우도 해안에 있었는데, 인근 지역에 대한 약탈 위험이 높아지자 1510년(중종 5년) 제주목사 장림이 김녕방호소를 별방으로 옮겨 진성을 축성했다. 『이형상수고본–탐라순력도』에는 당시 시설이 잘 묘사되어 있다. 동·서·남 방향으로 3문이 있으며, 성내에는 객사, 사령방, 창고, 군기고 등의 시설이 보인다. 건물과 건물 사이에는 담을 둘러 각각의 영역을 구분했다. 별방진성은 타원형의 성곽으로 둘레 2,390척, 높이 7척 정도의 규모다. 1974년 제주특별자치도 기념물 제24호로 지정되었으며, 현재 일부에 대한 복원과 정비가 이루어졌다. 남문지 일부의 원형이 여전히 남아 있어 조선시대 성곽 축조법을 파악하는 데 도움이 된다.

밭담과 산담

흔히 제주를 '삼다(三多)의 섬'이라 한다. 돌이 많고 바람이 많으며 여자가 많다는 의미다. 이처럼 돌은 제주 문화를 상징하는 요소다. 하지만 흔하디흔해 보잘것없이 느껴지기도 하고, 농사 지을 때 장애물로 작용하기도 한다. 제주 사람들은 이를 역으로 이용해 척박한 삶의 환경을 개척했다.

기본적으로 제주 돌담은 돌만을 이용해 축조한다. 돌담은 대지의 경계를 구분하는 기능, 바람을 막는 기능, 흙과 씨앗이 날아가는 것을 방지하는 기능, 가축의 침입으로

부터 보호하는 기능 등을 갖는다. 이러한 기능에 따라 돌담의 축조 방식과 용도가 달라지게 된다. 제주를 대표하는 돌담은 일반적 밭담 형식인 외담을 비롯해 축담, 올레담, 산담 등을 들 수 있다.

그중에서도 밭담은 제주의 독특한 풍경을 만들어낸다. 이는 제주 문화의 상징이기도 하다. 검고 거친 제주의 현무암을 쌓아 만든 밭담은 끝없이 이어진다. 그 길이가 무려 1만 리에 이르고, 지형에 따라 구불구불 이어진 모습이 마치 검은 용과 같다 하여 '흑룡만리(黑龍萬里)'라 부른다. 제주 밭담의 길이는 2만 2,000킬로미터 정도다. 이처럼 검은 현무암을 이용해 쌓은 돌담이 꼬리에

꼬리를 물고 이어지는 풍경은 제주의 상징적 경관이다. 밭담은 오랫동안 지속된 농업 생활의 결과물이기도 하다.

제주 돌담은 척박한 자연환경에 때로는 대응하고 때로는 순응하며 살아온 제주 사람들의 역사이자 문화다. 더 나아가 밭담에는 그들의 슬기와 생존을 향한 의지가 담겨 있다. 돌담이 제주의 풍경으로 정착하기 시작한 것은 고려시대 고종 때부터라고 전해진다. 당시에는 토지 경계가 불분명해 이웃의 경작지를 침범하기도 하고, 지방 세력가가 제멋대로 백성의 토지를 빼앗기도 했다. 이렇듯 토지를 둘러싼 분쟁이 끊이지 않자 제주에 관료가 파견되었다. 제주 판관으

로 부임한 김구는 토지의 경계를 짓고자 돌을 이용해 담을 쌓도록 지시했다. 돌담을 축조한 뒤 경작지를 둘러싼 분쟁은 자연스럽게 사라졌다. 방목한 소와 말이 밭으로 침입해 발생하는 농작물의 피해도 줄었다. 그뿐아니라 이 돌담은 쉴 새 없이 부는 제주의 바람까지 막아 주었다.

제주의 돌담은 축조된 장소에 따라 다양한 의미와 기능을 가진다. 돌을 쌓는 방식에 따라 외담, 겹담(접담), 잣백담, 잡굽담 등으로 구분된다. 제주에서 가장 흔한 돌담 형태는 1줄로 쌓은 외담이다. 접담이라고도 불리는 겹담은 2줄로 쌓은 것이다. 잣백담은 성처럼 넓게 쌓은 담이다. 잡굽담은 아랫부

분에 30-60센티미터 높이까지 작은 돌을 쌓고 그 위에 큰 돌을 얹는 형식이다.

앞서 말했듯 제주의 돌담은 용도에 따라서 축담, 올레담, 밭담, 원담, 산담 등으로 구분된다. 축담은 집의 외벽에 쌓은 담이다. 올레담은 골목길을 따라 축조한 담이다. 제주어 올레는 도로에서 초가로 들어가는 좁은 골목을 뜻한다. 풍수지리의 영향을 크게 받지 않았던 제주에서는 지형 조건을 고려해 가옥을 배치했다. 그렇기 때문에 자연스럽게 구부러진 골목길이 형성되었는데 이것이 '올레'다. 올레담은 이러한 올레 주변에 쌓아 올린 돌담을 말한다. 밭담이 밭의 경계에 쌓은 담이라면, 원담은 바닷가에서 발견

할 수 있다. 이는 바다의 밀물과 썰물을 이용해 고기잡이하기 위해 쌓은 담이다. 돌을 이용한 일종의 물고기 포획 기구인 셈이다. 밀물을 따라 들어온 물고기는 썰물이 되면 돌담에 가로막혀 빠져나갈 수 없게 된다.

한편 산담은 망자(亡者)를 위한 집의 경계이자 울타리다. 제주어 '산'은 일반적 의미의 산(山)이 아닌 무덤을 뜻한다. 산담의 유래는 명확히 알 수 없으나, 망자의 영원한 안식처로서 집을 경계하기 위해 쌓은 담이라 전해진다. 소와 말이 사람의 무덤을 훼손하지 못하게 하려고 담을 설치했다는 이야기도 있다. 과거에는 농사를 짓기 위해 경작지 주변에 불을 놓았다. 이때 무덤이 불에

타지 않게 하려고 담을 축조했다는 설도 있다. 유교적 관점에서 본다면 집을 망자의 안식처로 만들겠다는 추측에 설득력이 있다.

산담 모양으로 짐작할 수 있듯 제주의 무덤 형태는 특이하다. 정면에서 바라볼 때 묘지의 앞부분은 둥글고 뒷부분은 끝이 모인 형상이다. 이렇게 모인 끝부분을 '용미(龍尾)'라 부른다. 망자의 머리는 끝이 모인 방향으로 향하게 된다. 망자를 위한 울타리인 산담 내부는 망주석(望柱石, 무덤 앞의 양쪽에 세우는 돌기둥), 문인석(文人石, 문관 형상으로 만들어 무덤 앞에 세우는 돌), 동자석(童子石, 사내아이의 형상을 새겨 무덤 앞에 세우는 돌) 등으로 장식된다.

산담은 집의 경계인 만큼 출입문이 있기 마련이다. 이를 신문(神門), 즉 영혼이 다니는 문이라 칭한다. 신문 위에는 큰 돌이 놓이는데 이를 '정돌'이라 한다. 그런데 더욱 흥미로운 점은 망자의 성별에 따라 신문의 방향이 결정된다는 사실이다. 묘지를 바라볼 때 왼쪽에 신문이 있으면 그것은 남성의 묘다. 반대로 오른쪽에 신문이 있으면 그것은 여성의 묘다. 아마 이는 풍수지리의 좌청룡우백호(左靑龍右白虎)와 음양(陰陽) 이론에 근거한 것으로 생각된다. 좌청룡은 양의 기운, 우백호는 음의 기운을 의미한다. 이는 남성과 여성의 자손을 주관하는 이론에서 비롯된 것이다.

제주시 동지역

JEJU-SI
DONG AREA

탐라와 제주의 역사는
지금 여기에 녹아 있다

제주의 옛 명칭은 탐라였다. 탐라국은 1105년(숙종 10년) 고려에
속편되며 독립국 지위를 상실했다. 1295년(충렬왕 21년) '물 건너
마을'이라는 의미의 제주(濟州)라 불리게 된다. 제주의 고달픈
역사는 이 무렵부터 시작되었다. 고려시대에는 100여 년간 원나라의
영향권에 있었고, 조선시대에는 관의 수탈을 견뎌야 했으며 유배된
이들의 귀양지로 활용되었다. 조선시대 제주는 3개 행정구역으로
구분된다. 제주목, 대정현, 정의현이 그것이다. 현재의 제주시 동지역은
과거 제주목이었던 지역을 중심으로 하는 원도심, 1980년대
개발을 시작한 연동·노형동 일대로 구성된다. 특히 원도심에는
제주 역사와 문화의 단면을 보여주는 흔적이 산재해 있다. 탐라국의
시조에 관한 전설이 깃든 삼성혈, 제주읍성의 관덕정(觀德亭)과
제주목관아(濟州牧官衙) 등이 그러하다. 그 안에는 수천 년의 세월
동안 수많은 이야기가 쌓여 있으며, 고달프고 애절한 민초의 삶이
고스란히 녹아 있다. 옛 골목길, 산지천, 관덕정 광장 등에서 그 자취를
확인할 수 있다. 제주시 동지역은 그래서 더 흥미로운 곳이다. 한편
올레 17코스와 18코스는 제주시 원도심을 가로지른다. 이 길을 걸으며
제주시 동지역의 역사와 문화를 깊숙하게 들여다보고, 제주 사람들이
살아가는 모습을 간접적으로 경험할 수 있을 것이다.

제주 4·3평화공원 기념관
Jeju 4·3 Peace Park Memorial Hall

공간그룹 | 2008
제주시 명림로 430(봉개동)

1947년 3월 1일 관덕정 광장에서 '제28주년 삼일절 기념 대회'가 개최되었다. 남한 단독 정부 수립을 반대하는 가두 행진 도중 경찰의 발포로 6명이 사망했다. 진상 규명을 요구하는 항의가 이어졌으나 오히려 항의한 이들이 체포되었다. 당국의 태도에 분개한 제주 도민은 '3·10 총파업'에 돌입한다. 이 사태는 예기치 않은 이념 논쟁으로 번지게 되고, 결국 4·3사건 발생에 도화선이 되었다. 4·3사건은 1948년 4월 3일 시작해 1954년 9월 21일에 이르러서야 마무리되었다. 당시 무력 충돌과 진압 과정에서 다수의 양민이 희생되었다.

화해와 상생을 위해 2000년 '제주 4·3사건 진상규명과 희생자 명예회복에 관한 특별법'이 제정되었다. 이 특별법에 따라 제주시 봉개동 36만 제곱미터 대지에 제주 4·3평화공원이 조성되었다. 정치 이념의 대립으로 아까운 목숨이 희생되었음을 영원히 잊지 말자는 의미에서 만들어진 공간이다. 제주 4·3평화공원은 경사지를 따라 축을 중심으로 기승전결의 공간 구성을 이룬다. 주요 진입 광장에서 위령탑, 추념 광장 등으로 이어지는 흐름이다. 이곳에는 제주국제공항 활주로에서 발굴한 4·3사건 희생자 유해 396기가 봉안되어 있다. 한편 제주 4·3평화공원 기념관의 외관도 상당히 인상적이다. 하늘에 정성스레 기도할 때 올리는 정화수 그릇의 모양에서 설계 모티프를 얻었다. 지하 1층, 지상 4층 규모로 상설전시실, 기획전시실, 도서자료실 등으로 구성되어 있다. 주요 진입 광장과 위령 제단 방향에서 자유롭게 접근할 수 있도록 배치했다.

김석윤가옥

Kim Seokyoon House

건축가 미상 | 1904

제주시 진남로 44(화북1동)

김석윤가옥은 1978년 11월 제주특별자치도 민속문화재 제4-1호로 지정되었다. 제주 전통건축 방식인 와가의 기본 배치를 따른다. 진입로 부분의 공간 구성이 독특한데, 지금은 구획 정리 사업에 따라 올레가 변형되었다. 원래 18미터가량의 올레를 따라 문간, 모커리를 거쳐 안쪽 마당으로 진입하게 된다. 문간과 모커리 사이에는 바깥마당, 안거리와 밖거리 사이에는 안마당이 있다. 외부 공간 구성은 육지의 상류 주택 건축에서 자주 사용되는 기법과 유사하다. 독특한 것은 와가와 초가로 구성되어 있다는 점이다. 안거리와 문간은 와가로, 밖거리와 모커리가 초가로 지어졌다. 4칸 구성의 와가인 안거리는 상방을 중심으로 좌측에 정지와 챗

방과 작은 방을 두었고, 우측에 큰 방과 고팡을 배치했다. 상방의 앞뒤, 큰구들 앞에는 툇마루가 놓여 있다. 밖거리는 4칸 구성의 초가다. 2개의 상방으로 구성되어 있다. 오른쪽 상방에는 큰 방과 작은 방이 있으며, 바깥주인의 거처 공간으로 사용되면서 사랑방 기능을 갖는다. 왼쪽 상방에는 큰 방과 고팡을 두어 자녀의 생활 공간으로 사용했다. 한편 전면 4칸 구성의 모커리는 가운데가 대문이다. 왼쪽에는 몰막을 배치했고, 오른쪽에는 방으로 구성했다. '몰막'은 마구간을 뜻하는 제주어다.

김석윤가옥은 안팎의 폐쇄성과 개방성이 동시에 유지된다. 진입로에서 올레를 거치면 바깥마당, 안마당이 나타난다. 동선이 자연스럽게 안과 뒤의 공간으로 이어지는 것이다. 이는 지극히 기능성을 강조한 구조인데, 각 공간에 내포된 미학을 찾을 수 있다. 이러한 근풍경이야말로 제주 전통건축에서 엿볼 수 있는 아름다움이다.

삼양동초가
Samyang-dong Thatched House

건축가 미상 | 건축연도 미상
제주시 설촌로10길 5-1(삼양2동)

올레와 이문간을 거쳐 마당으로 진입하는
것이 제주 전통건축의 특징이다. '강운봉가
옥'으로 알려진 삼양동초가는 양측에 우영
을 끼고 '일(一)'자형 올레를 따라 들어서게
된다. 이때 밖거리 앞쪽을 바라보며 마당으
로 진입할 수 있다. 이문간 없이 안거리와
밖거리로 구성된 초가가 마당을 사이에 두
고 마주 보는 구조다. 통시(제주 농가의 전
통 화장실)는 가장 구석진 곳에 위치한다.
눌굽(곡식 더미를 쌓기 위해 마당에 축조한
공간)과 안거리에 가려져 있으며, 뒤쪽의 팽
나무가 은밀한 장소를 폐쇄적으로 만든다.
이 나무는 북서풍을 막는 역할도 수행한다.

평면 구성을 보면 안거리와 밖거리는 각
각 4칸으로 구성되어 있다. 밖거리의 1칸은
헛간으로 사용했다. 나머지 3칸은 중앙에
상방, 좌우에 각각 족은구들과 고팡, 족은구

들과 작은 마루가 위치한다. 안거리는 서당
으로 사용되었는데, 스승은 족은구들에 앉
고 학생은 상방에 앉는 공간적 위계를 가졌
다. 삼양동초가의 배치는 안거리와 밖거리,
모커리와 눌굽에 의한 사면의 공간 구성이
아니다. 안거리와 밖거리, 눌굽이 안마당을
형성하고 있다. 한편 안거리는 전면에 찬방
을 둔 모습이다. 삼양동초가는 보통의 제주
전통건축과 달리 이문간을 갖지 않는 것이
특징이다. 또한 밖거리에 2개의 작은 마루
가 달린 다소 변형된 근대식 가옥으로 볼 수
있다. 1978년 제주특별자치도 민속문화재
제3-1호로 지정되었다.

적산가옥
Colonial Japanese Houses
건축가 미상 | 일제강점기
제주시 연무정길 65 외 주변 일대(건입동)

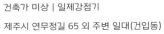

적산가옥(敵産家屋)의 적산은 문자 그대로 '적의 재산'이라는 의미다. 태평양전쟁에서 크게 패망한 일본인 소유의 재산, 그중에서도 주택을 뜻한다. 일제강점기 국내에는 수많은 일본인이 거주했다. 수도 경성(京城, 서울의 옛 이름)을 비롯해 전국 각지에 많은 일본인이 유입되어 터를 잡았다. 당시 제주에도 일본인 군인 및 군속, 행정 관리 등을 대상으로 상업 행위가 성행했다. 그뿐 아니라 식민지 조선을 무대로 사업 성공을 꿈꾸며 정착한 일본인도 있었다.

2009년 제주특별자치도에서 출간한 『사진으로 보는 제주역사 1』에는 일제강점기에 촬영된 제주읍성 사진이 수록되었다. 이 사진을 통해 일장기가 걸린 초가, 유리창이 설치된 와가, 근대식 건축물 등의 모습을 확인할 수 있다. 이들이 제주에 거주하면서 초가와 와가가 주를 이루던 전통적 도시경관

은 달라졌다. 관공서를 비롯해 일본식 건축물이 대거 지어지며 권위적 도시경관으로 변했다. 적산가옥의 외형적 특징은 널판으로 마감된 벽면과 일본식 기와를 사용한 지붕이다. 박공지붕(gabled roof) 역시 적산가옥의 특징으로 꼽을 수 있다. 내부 공간에는 대개 중복도(中複道)를 중심으로 3평과 2.3평 규모의 방이 마련되어 있다. 구법 측면으로 볼때 적산가옥은 간이 목조 주택이다. 목재 기둥을 세우고, 그 사이에 샛기둥을 설치한다. 졸대(wooden lath)를 대고 시멘트 모르타르 혹은 회반죽 처리 후 널판으로 마감하는 방식이다. 당시 건축 재료는 목재가 다수를 차지했다. 전시(戰時) 상황이라는 사회적 여건 탓에 붉은 벽돌, 콘크리트 등의 물자를 구하기가 어려웠기 때문이다. 그에 비해 목재는 상대적으로 수급이 용이했다. 재료 확보의 어려움 외에도 기술자가 부족했으므로 목조 주택이 주를 이루었을 것이다. 일본식 가옥과 제주 전통건축을 절충한 형태의 주택도 등장하게 되었다. 이는 습도가 높고 바람이 많은 제주 기후에 적응하기 위한 주택의 변형을 의미한다.

이렇듯 적산가옥은 일제강점기의 사회적 변화와 건축적 변화를 살펴볼 수 있는 사료다. 당시 근대식 건축 재료들이 도입되면서 제주 전통 가옥의 외형에도 변화가 생겼다. 전통 가옥의 상방에 유리문을 설치하거나 지붕의 기와가 일본식으로 교체되었다. 제주석과 흙으로 마감하던 외부 벽체를 시멘트 모르타르로 처리하기도 했다. 해방된 지 수십 년이 흐른 지금, 적산가옥은 도시 개발과 도로 개설을 거치며 상당 부분 사라졌다. 하지만 제주시 건입동에 주정(酒精) 공장의 사택 일부가 남아 있다. 그 밖에 제주시 무근성 일대, 한림지역, 대정지역, 서귀포시 솔동산 일대에도 아직 많이 존재한다.

국립제주박물관
Jeju National Museum

김기웅 | 2001

제주시 일주동로 17(건입동)

국립제주박물관은 역사, 미술, 민속자료 등 다양한 분야의 유물을 통해 제주 도민의 문화적 긍지와 애향심을 고취하는 장소다. 인근에 위치한 사라봉과 연계해 박물관의 기능뿐만 아니라 누구나 주변을 둘러볼 수 있도록 공원으로 조성했다.

국립제주박물관은 중정을 둔 '회(回)'자형 구조로 설계되었다. 그 덕분에 내부와 외부 공간의 연계성이 확보되었다. 준외부 공간인 안마당에서의 접근은 누하(樓下) 진입 형식에 따른 것이며, 주된 전시 동선은 이 안마당에서부터 펼쳐진다. 전시 공간은 특별전시장과 시대별 상설전시장으로 나뉜다. 국립제주박물관은 외관이 독특하다. 4개 귀를 이루는 절점에 낮은 돔(dome) 형태의 지붕을 얹어 토착적 감수성과 시각적 결절을 만든다. 제주의 향토적 특질과 미래 지향적 진취성이 부합된 건축물이다.

동문시장과 동양극장
Dongmun Market & Dongyang Theater

김한섭 | 1963

제주시 동문로 16(일도1동)

1954년 동문시장에 큰불이 발생한다. 동문시장의 재건은 제주 출신 건축가 김한섭이 맡았다. 이 건축물은 시장, 점포, 극장 등을 결합한 복합 시설이다. 당시 제주에서 큰 규모의 상업건축물에 속했다. 산지포구에 인접한 장소성을 반영하듯, 외관은 포구를 향해 정박한 선박을 닮았다. 외형은 선체, 뱃머리, 파도 등을 시각화했다. 외관은 긴 네모꼴 상자, 원호형(圓弧形) 아치가 물결처럼 반복되는 지붕, 돛대를 세운 듯 돌출된 영역, 삼각형 대지의 예각에 세워진 둥근 창을 가진 덩어리로 구분된다. 매스와 매스를 잇는 지점에는 '아(亞)'자형으로 뚫린 블록 쌓기를 실시해 이질성을 완화했다. 주변으로 확장된 동문시장은 여전히 제주의 중요한 시장이다. 동양극장은 시네하우스 극장으로 변경되어 시민의 문화 공간으로 자리매김했으나 현재는 폐관되었다.

제주교육박물관
Jeju Education Museum

강행생 | 1995

제주시 오복4길 25(이도2동)

제주교육박물관의 가장 큰 건축적 특징은
대립성과 통합성을 고루 갖춘 외형에서 찾
아볼 수 있다. 3개 건축물로 분절된 매스와
모임지붕(hipped roof)은 제주 전통건축
의 형태를 연상하게 할 만큼 강렬한 이미지
로 다가온다. 제주교육박물관은 1995년 건
축되었는데, 당시 제주 건축계는 향토성과
지역성에 대한 논의가 전개되며 새로운 시
도를 이어가고 있었다. 그런 점에서 제주교
육박물관은 시대의 변화와 흐름을 바탕으로
완성된 실험적 건축물이다.

건축설계의 측면에서 크게 세 가지 특징
을 가진다. 첫째, 작은 규모의 매스 분절을
통해 내부와 외부의 다양한 공간 변화를 유
도한다. 둘째, 지붕 모양이 개성적이다. 완
만한 경사의 지붕에는 모임지붕 형식으로
처마를 냈다. 이는 기후변화에 쉽게 적응할
수 있도록 설계한 것이며, 시각적으로 포근

함을 갖게 하는 의장 처리 방식이기도 하다.
셋째, 내부 공간은 전통건축의 평면 구성을
부각하는 중앙 홀 형식을 취한다. '교육'을
주제로 다루는 박물관답게 교육적 관점에
서 해석한 역사·문화 관련 전시가 주를 이룬
다. 제주교육박물관은 제주지역 사료관으로
서의 기능에 충실하도록 공간을 배치했다.

제주읍성과 칠성대
Jejueupseong & Chilseongdae

건축가 미상 | 건축연도 미상

제주시 오현길 61(이도1동)

도서(島嶼)지역인 제주에는 예로부터 왜구
의 침입이 빈번하게 일어났다. 이를 막기 위
해 3성 9진 25봉수 38연대의 방어 체계를
구축했다. 조선시대 제주의 행정구역은 제
주목, 대정현, 정의현으로 구분되어 각각 제
주읍성, 대정현성, 정의현성을 두었다. 3성
이 여기에 해당된다. 그중에서도 제주목사
가 관장한 제주읍성이 조선시대 제주지역
행정의 중심지였다. 1555년(명종 10년) 왜

구가 침입해 제주읍성 동쪽 능선에 진을 치고 공격했다. 공격이 거세져 방어에 어려움을 겪자 동쪽 높은 곳까지 퇴축할 수밖에 없었다. 제주목은 동문, 서문, 남문이 외부와 연결된 구조다. 각 문에는 정면 3칸, 측면 1칸의 누각이 있었다. 남문은 정원루(定遠樓), 동문은 제중루(濟衆樓) 혹은 연상루(延祥樓), 서문은 백호루(白虎樓) 혹은 진서루(鎭西樓)라 불렸다.

제주읍성의 모습은 구한말까지 유지되었다. 1910년대에는 일제강점기 식민 정책으로 문루(門樓)가 훼손되기 시작했다. 1914년에는 연상루와 진서루를 비롯해 간성(間城, 제방용 성곽) 북문인 중인문(重仁門)이, 1915년에는 간성 남문인 소민문(蘇民門)과 북성이, 1918년에는 정원루가 손상되었다. 1926년에는 산지항 축조 공사가 진행되었으며, 이 과정에서 성곽이 대대적으로 훼손되었다. 현재 문루와 옹성의 자취는 보이지 않는다. 제주읍성의 흔적은 8개 장소에 일부만이 남아 있을 뿐이다. 170미터 정도가 잘 보존되어 있는 오현단(五賢壇) 부근의 성곽을 살펴보면 치성(雉城) 3개소가 존재한다. 치성은 성벽 바깥에 덧붙여 쌓은 성곽을 뜻한다. 원형이 보존된 동쪽 치성은 당시 축성법을 확인할 수 있는 귀중한 유적이다. 제주성지(濟州城址)는 제주특별자치도 기념물 제3호로 지정되었다.

제주읍성은 탐라시대에 이루어진 것으로 추정된다. 제주읍성에는 칠성골이라는 골목이 존재한다. 칠성골은 7개 별자리와 관련되어 있다. 조선시대 이원진의 『탐라지(耽羅志)』와 이원조의 『탐라록(耽羅錄)』, 1923년 김석익의 『파한록(破閑錄)』, 1954년 담수계가 펴낸 『증보탐라지』 등에 칠성대(七星臺)의 위치가 언급되었다. 특히 2010년에는 과거 《매일신보(每日申報)》에 실렸던 칠성대 관련 기사와 사진이 소개되었다. 이 자료를 통해 1920년대 후반까지 칠성대가 존재했고, 그 형태가 어떠했는지 유추할 수 있다. 7개 별자리로 구성된 칠성대 위치를 지도에 표시해 보면 북두칠성의 형상과 같다. 첫 번째 별과 두 번째 별의 거리를 기준 삼아 직선으로 5배에 해당되는 곳에서 북극성을 찾아보니 그 위치가 삼성혈임을 알 수 있다. 이처럼 제주읍성은 방어 시설로서의 축조 방식뿐만 아니라 별자리를 이용해 삶의 공간을 구획한 장소다.

옛 현대극장
Former Hyundai Theater

건축가 미상 | 1970년대
제주시 관덕로2길 11(삼도2동)

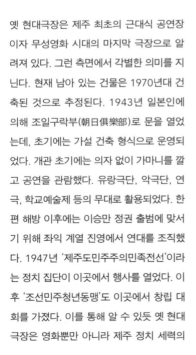

옛 현대극장은 제주 최초의 근대식 공연장이자 무성영화 시대의 마지막 극장으로 알려져 있다. 그런 측면에서 각별한 의미를 지닌다. 현재 남아 있는 건물은 1970년대 건축된 것으로 추정된다. 1943년 일본인에 의해 조일구락부(朝日俱樂部)로 문을 열었는데, 초기에는 가설 건축 형식으로 운영되었다. 개관 초기에는 의자 없이 가마니를 깔고 공연을 관람했다. 유랑극단, 악극단, 연극, 학교예술제 등의 무대로 활용되었다. 한편 해방 이후에는 이승만 정권 출범에 맞서기 위해 좌익 계열 진영에서 연대를 조직했다. 1947년 '제주도민주주의민족전선'이라는 정치 집단이 이곳에서 행사를 열었다. 이후 '조선민주청년동맹'도 이곳에서 창립 대회를 가졌다. 이를 통해 알 수 있듯 옛 현대극장은 영화뿐만 아니라 제주 정치 세력의 집결지로 활용되었다. 특히 4·3 사건 당시 악명 높았던 '서북청년회 제주지부' 역시 여기서 발족식을 가졌다. 옛 현대극장은 제주 근현대사의 단면을 보여주는 역사적 장소다. 또한 단순한 문화 공간을 넘어 정치적으로 중요한 거점이었다.

이처럼 옛 현대극장은 제주 최초의 근대식 극장이자 제주 도민의 문화 공간으로서 오랜 시간 동안 다양한 역할을 수행했다. 건축물 자체의 문화재적 가치보다 근현대 제주 사회 변화에 큰 획을 그은 중심지로 평가해야 한다. 옛 현대극장은 1954년 제주극장으로 명칭을 변경해 운영되다가 1970년대에 현대극장이라는 이름으로 바꾸었다. 1961년 칠성로에 개관한 제일극장과 함께 제주 도민의 문화적 향수를 달래준 추억의 공간이다. 그러나 경영난이 계속되었고 1987년 개장 43년 만에 폐업하게 된다. 옛 현대극장 건물은 개조를 통해 활용하는 방안을 모색하고 있으나 현재 안전상의 문제로 폐쇄된 상태다. 건축물 내부 공간은 당시 모습을 여전히 간직하고 있다.

제주화교소학교
Jeju Overseas Chinese Primary School

건축가 미상 | 1953

제주시 관덕로2길 19(삼도2동)

제주화교소학교는 국내에 거주하는 화교들의 모금 운동을 통해 건립된 교육 시설이다. 이 건물은 2층 규모의 아담하고 단순한 입면을 가졌다. 1950년대 건축양식을 그대로 유지하고 있으며, 외국인 교육기관으로서 역사성을 지닌 근대건축물이다. 이처럼 제주화교소학교는 제주 이민 역사를 연구하는 데 매우 중요한 시설이다. 이주민의 제주 정착 과정을 간접적으로 파악할 수 있기 때문이다. 제주화교소학교에서는 화교 아동 교육 외에도 한국인을 대상으로 중국어 교육을 실시하기도 했다. 현재는 제주에 거주하는 화교 수의 감소로 정상 운영이 어려운 상황이다. 제주화교소학교 정문에는 화교를 상징하는 마크가 새겨져 있다. 정문 지주의 '제주화교소학교(濟州華僑小學校)'는 청탄(聽灘) 김광추의 글씨로 알려져 있다. 김광추는 소암 현중화와 함께 제주 서예계의 양대 축으로 꼽히는 예술가다.

옛 제주시청
Former Jeju City Hall

박진후 | 1959

제주시 삼도2동 1024, 철거

1955년 9월 1일 제주읍은 제주시로 승격되어 시정 업무를 개시했다. 1958년 6월 제주시청이 들어설 대지를 결정하고 건축가 박진후에게 설계를 맡겼다. 1959년 10월 준공된 옛 제주시청은 제주에서 최초로 시멘트 벽돌을 사용한 건축물이었다. 지붕은 목조 트러스로 완성했다.

옛 제주시청에는 당시 공공 건축물의 특징이 고스란히 드러나 있다. 우선 중앙에 출입구를 두고 좌우대칭 형식을 갖춘다. 조적조의 특성상 옆으로 긴 창을 만들기 어려워 위아래로 긴 창을 설치했다. 이는 창호의 수직성을 강조한 디자인으로 해석할 수 있다. 내부 공간은 작은 홀을 중심으로 좌우에 사무 공간을 배치했다. 중앙 계단을 통해 2층으로 연결되는데, 중앙 계단의 중간에 설치된 창문과 공간의 분위기가 근사하다. 옛 제주시청은 민간에게 매각된 후 상업 공간으로 이용되었으나, 유지 및 관리의 어려움으로 결국 2012년 철거되었다. 이 자리는 현재 주차장으로 사용되고 있다.

제주특별자치도청
Jeju Special Self-Governing Provincial Office

김희수 | 1980
제주시 문연로 6(연동)

제주특별자치도청 설계의 주안점은 '관광지'라는 특성을 살리고, 기존 관공서와 다른 개방된 이미지를 반영하는 것이었다. 외부 마감재는 지역성을 살리기 위해 현무암으로 선택했다. 외관 전면부에 노출된 기둥과 처마로 이루어진 공간도 독특하다. 이곳은 방문객을 내부로 유도하는 장소이자 비바람을 피하는 공간이다. 내부는 최상층까지 개방된 중앙 홀을 중심으로 양측 수직 계단을 통해 이동할 수 있다. 일반적으로 중앙 홀 상부에는 천창(天窓)이 있어 채광과 환기가 이루어진다. 하지만 이 건축물의 최상층에는 대강당이 있다. 1층 중앙에는 제주 홍보를 위한 전시 공간을 마련했다.

제주특별자치도의회
Jeju Special Self-Governing Provincial Council Office

강요준 | 1991
제주시 문연로 13(연동)

행정기관과 달리 의회는 민의(民意)를 대변하는 기관이다. 그러므로 도의회 청사는 도민이 쉽게 접근할 수 있어야 한다. 제주특별자치도의회 청사는 지역성을 살려 전체 외관에서 초가가 연상되도록 구상했다. 이러한 개념 아래 청사 모서리 벽면과 중간 벽체는 초가에 흙돌담을 두른 것처럼 처리되었다. 전면 기둥은 건축물의 풍채가 가지는 형태적 언어성을 표현했다. 1층은 도의회 사무를 위한 공간, 2-4층은 도의원을 위한 공간이 주를 이룬다. 3-4층 일부는 본회의장과 기자실·방청객실로 구성했는데, 각각의 출입구를 분리한 것이 특징이다. 공공 건축물답게 장애인을 위해 건물 전면부에 램프(ramp)를 설치했다. 이는 도의회 청사를 이용하는 데 불편함이 없도록 배려한 것이다.

제주특별자치도교육청
Jeju Special Self-Governing Provincial Office of Education
김희수 | 1978
제주시 문연로 5(연동)

'제주다운 건축'에 대한 논의가 시작된 1970년대 말 지어진 공공 건축물이다. 내부는 현관홀을 중심으로 좌우에 업무 공간이 배치되었으며, 중앙 계단을 통해 수직으로 연결된다. 외관은 수평으로 배열된 창문이 안정감을 준다. 특히 저층부 입면은 필로티로 처리해 수평적 요소를 강조했다. 건립 초기에는 제주의 지역성을 표현하기 위해 현무암을 외장재로 사용했다. 지금은 사암 계열의 외장재로 리모델링되었다.

제원아파트
Jewon Apartments
건축가 미상 | 1977
제주시 신광로6길 14(연동)

1974년 제주를 방문한 박정희 대통령은 제주시 연동의 신제주지구 개발을 지시했다. 이 지역의 개발은 1970년대 후반에 마무리되었다. 신제주지구에 대규모 아파트 단지로서는 처음으로 제원아파트가 들어섰다. 이를 계기로 제주지역에도 아파트 주거 문화가 정착하게 된다. 서원주택이 개발한 제원아파트는 세 차례에 걸쳐 시공되었다. 1977년 1차, 1978년 2차, 1979년 3차 사업 승인이 이루어졌다. 당시로써는 보기 드문 대규모 집합주택 단지였다. 총 628세대로 구성된 제원아파트는 중앙 집중식 난방 시스템의 지상 5층 철근콘크리트조 주거 양식이다. 19평형, 24평형, 29평형, 35평형 등 다양한 평형의 주거 단위가 공급되었다.

별도의 화장실을 두거나 다용도실과 발코니에 쓰레기 투입구를 설치하는 등 상당히 고급스러운 현대식 평면 형태로 인기를 끌었다. 이를 반영하듯 1978년 7월 15일 《제주신보(濟州新報)》에 "입주자의 60퍼센트가 제주 사람들이고, 나머지는 외지인이었다."라고 언급될 만큼 당시 제원아파트에 대한 관심이 높았다.

제주특별자치도문예회관
Jeju Culture & Art Center

금성건축 | 1985

제주시 동광로 69(일도2동)

제주특별자치도문예회관은 제주 건축의 지역성과 향토성에 대해 논의가 이루어지는 과정에서 중요한 비중을 차지한다. 1980년대가 이러한 논의를 적극 모색하는 단계였다면, 1990년대는 이를 구체적으로 전개하는 시기였다. 이 무렵에는 제주의 전통 요소에 대한 재해석이 이루어지거나 건축 평면 설계에 전통적 공간 구성 기법을 도입하기도 했다. 문예회관의 진입 공간 역시 제주 전통건축 요소를 차용하는 기법으로 설계되었다. 도로에서부터 전정(前庭)과 마당으로 이어지는 공간, 계단을 거쳐 주 출입구의 마당으로 구분되는 공간 등 위계성을 갖는다. 이는 중심 공간과 부수적 공간이 연결성을 갖는 제주 전통 가옥의 특징을 반영한 것이다. 문예회관의 외관에서는 완만한 지붕과 깊은 처마선, 초가지붕의 곡선을 단순화한 형태, 현무암을 사용한 벽체 마감 등이 눈에 띈다. 제주 전통건축의 형태적, 공간적, 기능적 요소를 현대건축의 언어로 차용했다고 해석할 수 있다. 내부 공간에는 기능성 확보를 위해 기본 6×7미터 모듈이 적용되었다. 또한 각 공연 및 전시 기능을 블록 단위로 배치해 이용의 합리성을 갖도록 계획했다.

제주특별자치도민속자연사박물관
Jeju Folklore & Natural History Museum

김홍식 | 1984

제주시 삼성로 40(일도2동)

신산공원 인근에는 제주를 대표하는 문화 공간이 집중되어 있다. 제주특별자치도민속 자연사박물관도 그중 하나다. 1980년대는 제주 건축을 논할 때 중요한 의미를 갖는다. 1970년대 무비판적 개발에 대한 반성으로, 제주의 지역 특성을 살린 건축에 관심을 서서히 가지기 시작했기 때문이다. 특히 현무암, 화산석송이 등을 사용한 실험적 모색이 두드러진다. 민속자연사박물관은 이 시기 제주 건축의 특징이 잘 드러난 공공 건축물이다. 재료의 사용, 지붕의 형태, 공간의 구성 등에서 '제주다움'을 찾기 위한 노력이 느껴진다. 외부 마감 재료로 현무암을 사용했으며, 지붕은 제주 초가의 곡선을 살린 경

사지붕으로 처리했다. 내부 공간은 중정을 중심으로 'ㅁ'자형 배치가 이루어졌다. 특히 중정은 채광과 환기라는 일반적 기능을 수행할 뿐만 아니라, 관람객의 동선을 자연스럽게 유도하고 분산하는 역할을 한다.

제주KAL호텔
Jeju KAL Hotel

김희수 | 1974

제주시 중앙로 151(이도1동)

제주KAL호텔은 1974년 옛 제주여자고등 학교 자리에 세워졌다. 당시 제주에서 가장 높은 고층 빌딩을 건립하는 것이 설계의 목표였다. 건축주인 대한항공은 이 호텔이 제주의 상징으로 자리 잡기를 바랐다. 지금 보기에는 규모가 그리 크지 않지만, 1970년 대에는 화제가 될 만한 건축물이었다. 실제로 지하 2층, 지상 18층 규모의 제주KAL호텔은 과거 제주 시내에서 제일 먼저 시야에 들어오는 랜드마크였다. 기본 배치를 보면 저층 부분에 서비스 관련 시설이 놓인다. 그

위에 엘리베이터, 계단 등이 집중된 코어를 가진 'Y'자형 객실 층을 구성했다. 최상층에는 바다와 한라산을 관망하는 원형의 스카이라운지가 마련되어 있으며, 이는 항공관제탑과 유사한 형태로 디자인되었다.

제주시청
Jeju City Hall

주명록 | 1952

제주시 광양9길 10(이도2동)

한국전쟁 직후인 1951년 현 제주시청 대지에 제주도청이 건축되었다. 당시 전라남도청 공무원 주명록이 설계를 담당했으며 1952년 11월 준공되었다. 낙성식에 이승만 대통령 부부, 제임스 밴 플리트 장군 부부, 백선엽 육군참모총장 등이 참석할 만큼 상징적 의미의 건축물이다. 사회·경제적으로 어려운 상황이었음에도 한국 고유의 지붕경사를 살리고 기와를 얹었다. 제주시청의 외부 정면은 근대식 슬래브(slab) 건물에 몰드(mould) 장식을 둘러 포인트를 주었다. 공공 건축물로서 권위와 위엄을 갖추고 간결함과 강직함을 표현하기 위해 건축적 측면에서 노력이 이루어졌다. 적벽돌 조적조 건축물인 옛 제주도청은 좌우 증축으로 대칭감이나 비례감을 상실했지만 여전히 중앙 출입구 포치를 중심으로 좌우대칭을 이루고 있다. 양측에 별도 출입구가 마련되어 전형적 형태의 공공 건축물로 평가받는다. 특히 중앙 출입구 포치, 입면, 지붕 등이 상당히 세련된 방식으로 처리되었다. 당시 공공 건축물의 성향이 고스란히 드러난 제주시청 청사는 근대건축물로서 가치가 높다.

보훈회관
Veterans Hall

이공선 | 1970

제주시 동광로 12(이도2동)

1970년에 건축된 보훈회관은 제주를 중심으로 활동한 2세대 건축가 이공선이 설계를 맡았다. 2개 면이 도로에 접한 물리적 조건을 고려해 건축물 모서리를 둥글게 처리했다. 이러한 곡면은 지면에 안정감 있게 밀착되는 형태를 취한다. 또한 하나의 매스로 처리되어 외부에서 바라보았을 때 상대적으로 규모가 큰 느낌이 드는 디자인이다. 보훈회관은 마치 1956년 건축가 김중업이 설계한 부산대학교 본관의 입면 처리 방식과 매우 유사한 기법을 적용했다.

하지만 전면이 유리로 처리된 부산대학교 본관과 달리, 제주 보훈회관은 동일한 형

제주시청 4별관

Jeju City Hall Annex 4

강은홍 | 1969

제주시 동광로2길 13(이도2동)

옛 제주도여성회관은 현재 제주시청 4별관으로 사용되고 있다. 1969년 준공된 이 건축물은 공사비 642만 원이 투입된 종합 회관이었다. 당시 준공식에는 박정희 대통령의 영부인 육영수 여사가 참석했다. 제주의 2세대 건축가 강은홍이 설계했다. 그는 제주 출신 건축가 김한섭의 영향을 받은 것으로 알려져 있는데, 이 건축물에는 르 코르뷔지에풍 건축 요소가 두드러진다. 두 도로가

만나는 모퉁이에 위치한 제주시청 4별관은 전체적으로 직선 형태를 유지하면서 3층 상부는 곡면 처리했다. 도로를 향한 2개 면은 독립된 입면으로 구성되었다. 1층과 2층은 기둥 구조를 노출시키고, 3층은 가늘고 긴 창을 정면에 냈다. 다른 면 역시 노출된 기둥과 연속적 창호로 간결하게 처리했다. 이것은 르 코르뷔지에의 근대건축 5원칙을 따르려는 의도로 해석할 수 있다. 특히 옥상 상층에 경사지 형태의 구조물이 설계되었다. 이는 단조로운 입면에 변화를 주기 위한 것이다. 외부 디자인은 크게 변형된 것이 없으나, 이전 사진과 비교하면 정면 오른쪽 계단이 없어지는 등 약간의 입면 변화가 보인다.

태의 연속된 창을 두어 오히려 수평적 요소를 강조했다. 특히 곡면으로 처리된 모서리 부분의 경우, 도로에 접한 2개 면을 연속적 방식의 창으로 구성했기 때문에 자칫 입면이 단조로워질 수 있다. 이를 피하기 위해 출입구 계단을 수직적 요소로 강조하는 방식을 취했다. 그뿐 아니라 멀리온(mullion)을 여러 개로 나누어 대칭성을 확보해 과감한 입면의 변화를 시도했다.

제주시민회관
Jeju Civic Center

김태식 | 1964
제주시 고전길 26(이도1동)

일제강점기 건축교육을 받았던 인물들은 서울을 중심으로 왕성하게 건축 활동을 펼쳤다. 그 활동 범위는 전국적으로 확산되어 제주에도 그들의 작품이 여럿 남아 있다. 그중에서도 건축가 김태식이 대표적 인물이다. 김태식은 1935년 경성제일고등보통학교를 졸업한 뒤 1941년 니혼대학(日本大学) 전문부 건축과를 나온 건축 인재였다. 그는 해방 이후 설계사무소를 개설해 건축가로서 본격적 활동을 시작했다. 1963년 건축된 옛 제주관광호텔을 비롯해 제주시민회관과 같은 주요 작품을 제주에 남겼다.

1964년 건축된 제주시민회관은 다양한 문화 공간을 건립할 여유가 없었던 당시 상황에 비추어 보았을 때 상당히 큰 규모였다. 제주시민회관 로비에 설치된 정초(定礎)에는 1963년 7월 22일 착공해 1964년 6월 30일 준공한 것으로 기록되어 있다. 특히 정초에 새겨진 설계자, 감독자, 시공자 가운데 설계자와 감독자가 '서울특별시'로 표기된 점이 흥미롭다. 제주시민회관 건설 당시 서울특별시로부터 설계, 공사감독 등의 지원을 받은 것이 아닐까 추측할 뿐이다. 2명의 감독자가 배치된 것으로 보아 공사 규모가 꽤 컸음을 짐작할 수 있다.

제주시민회관의 정면과 후면은 평지붕 라멘(rahmen) 구조로 설계되어 있다. 각종 주요 행사가 이루어지는 중앙 부분은 철골조 경사지붕으로 마무리되었다. 평면은 무대와 객석, 그리고 중앙 경기장으로 구성된 다목적 기능의 문화 공간이다. 제주시민회관은 제주 최초의 철골조 건축물로서 각별한 의의를 지닌다. 지붕의 주요 부분을 철골 트러스로 처리해 무대, 객석, 중앙 경기장이 요구하는 넓은 공간을 최대한 확보하고자 했다. 경사지붕으로 처리된 주요 부분과 달리 건축물의 전면(前面)은 평지붕으로 마감된 것이 독특하다.

제주기적의도서관
Jeju Miracle Library

정기용 | 2004
제주시 동광로12길 19(이도2동)

2000년대 인기를 끈 TV 예능 프로그램 〈느
낌표–책책책 책을 읽읍시다!〉 방영 당시 전
국적으로 독서 열풍이 일었다. 그 붐을 타고
지역마다 도서관 건립을 위한 지방자치단체
의 지원과 건축가, 기업, 독지가 등의 후원
이 이어졌다. 이 시기에 지어진 기적의도서
관은 어린이 전용 도서관이다. 미래를 주도
할 어린 세대의 정신적 풍요로움을 채워주
는 지식의 저장소인 것이다. 제주지역에는
제주시와 서귀포시에 각각 1개씩 기적의도
서관이 건립되었다. 2개 도서관 모두 '말하
는 건축가'로 알려진 정기용이 설계를 맡았
으며 2004년 5월 5일 어린이날 개관했다.
　제주기적의도서관은 삼각형 매스에 작
은 매스가 결합된 형태로 설계되었다. 주변
에 산지천이 흐르는 대지의 형상을 고려한
구조다. 또한 대지 앞 산지천을 따라 흐르는
주요 간선도로, 대지와 마주한 2개 도로의
상황까지 의식한 배치다. 이러한 진입 방식

에 따라 자연스럽게 형태가 만들어졌다. 제
주기적의도서관은 지형적 조건을 고려해 비
스듬한 모양으로 땅 위에 놓았다. 도로를 향
해 경사진 형태의 삼각형 매스 덕분에 도서
관 내부는 더욱 크고 높으며 역동적으로 느
껴진다. 내부에는 친구 혹은 부모님과 함께
어린이가 편안하게 독서할 수 있도록 도서
코너를 배치했다. 또한 큰 창문은 외부 공원
과의 시각적 소통이 이루어지는 공간이자
채광과 환기를 책임지는 요소다. 방문객의
출입 동선 역시 도서관 프로그램의 연장 공
간으로 활용될 수 있도록 짜여 있다. 지금은
이 공간을 설계한 정기용의 바람대로 많은
어린이가 찾아오는 지역 도서관이 되었다.

옛 제주대학교 본관
Former Jeju National University Main Building

김중업 | 1964

제주시 용담로 65(용담3동), 철거

옛 제주대학교 본관은 건축가 김수근과 함께 한국 현대건축 역사에 큰 흐름을 이룬 거장 김중업의 작품이다. 이곳은 주한 프랑스대사관과 더불어 그의 대표작으로 손꼽힌다. 주한 프랑스대사관이 김중업의 표현주의 성향을 잘 드러낸 작품이라면, 옛 제주대학교 본관은 기능주의 성향의 건축물이다.

김중업은 프랑스로 건너가 1952년부터 1955년까지 르 코르뷔지에의 아틀리에에서 공부한다. 김중업의 건축은 "집은 살기 위한 기계다(A house is a machine for living in)."라고 말한 르 코르뷔지에 건축철학의 연장선으로 이해할 수 있다. 옛 제주대학교 본관 설계에는 르 코르뷔지에의 근대건축 5원칙이 적용되었다. 먼저 필로티 기능을 하는 것은 1층의 외부 기둥이다. 바깥에 위치한 이 기둥이 2층과 3층의 벽체, 좌측면의 3층 돌출 부분을 지지한다. 기둥에서 분리된 2층과 3층의 벽체는 자유로운 평면을 이룬다. 정면과 후면, 좌우 측면이 각기 다른 표정의 입면으로 디자인되었다. 타원형의 창은 분절되어 있지만, 2층은 연

속적 창의 형식으로 설계되었다. 한편 옥상
의 노천 스탠드는 '옥상 정원'을 변용한 것
이다. 이렇듯 옛 제주대학교 본관은 김중업
의 철학이 담긴 '건축 교과서'와 같은 공간
이다. 르 코르뷔지에의 건축 이념에 기초해
한국적 정서를 담아냈을 뿐만 아니라, 제주
의 특성까지도 반영했다.

　그러나 시공 당시 해사(海砂)를 사용하
는 과정에서 염분을 적절하게 세척하지 않
아 철근이 부식되었다. 그뿐 아니라 준공한
뒤 제대로 관리가 이루어지지 않아 심각한
균열이 발생했다. 1990년대에는 이 건축물
을 둘러싸고 철거와 보존에 대한 논란이 일
어났다. 불행하게도 옛 제주대학교 본관은
역사·문화적 가치가 있음에도 안전상의 문
제로 1995년 철거되었다.

ZZZ제주흑돼지
ZZZ Jeju Black Pork
BBQ Restaurant

정익수 | 2015
제주시 신대로 104(연동)

연동에 있던 KBS제주방송총국이 이전하면서 기존 건축물을 철거하고 음식점으로 신축되었다. 화려한 외관이 시선을 사로잡는 건축물이다. ZZZ제주흑돼지는 돼지고기가 불판 위에서 먹음직스럽게 구워지는 소리를 'ZZZ'로 의성화(擬聲化)한 것이다. 보통

의 고깃집 이미지와 달리 이 매장은 단순하면서도 화려하게 표현되었다.

공간은 내부 중정을 중심으로 구성되어 있으며, 철골조에 블록 방식이 기본 구조다. 특히 음식점의 품격은 도로와 출입구 사이의 공간적 성격이 좌우한다. 일반적으로 적용되는 건축 기법은 도로와 출입구 사이의 깊이, 투시도, 개방성, 높낮이 차이 등을 들 수 있다. ZZZ제주흑돼지는 도로에 접한 1층과 2층의 전면부를 무지갯빛 폴리카보네이트(polycarbonate)로 장식했다. 소박하지만 컬러풀한 이미지를 연출하면서 투시도와 개방성을 낮게 설정했다. 내부 공간을 폐쇄적으로 처리함으로써 다른 음식점과의 차별화를 꾀하고, 더 나아가 고급화한 것도 특징이다. 도로 쪽의 정면이 다소 폐쇄적이라면 중정을 둘러싼 공간은 개방적이다. 여기에 세월의 깊이가 느껴지는 고목(古木)이 놓여있다. 중정을 통해서는 시시각각 변하는 하늘의 색깔을 감상할 수 있다. 이 공간은 자칫 가볍게 느껴지기 쉬운 음식점 내부에 여유와 운치를 부여한다.

보오메꾸뜨르부티크호텔
The Baume Couture
Boutique Hotel

승효상 | 2007
제주시 신광로 95(연동)

제주국제공항에서 멀지 않은 연동에 위치한 호텔이다. 지하 1층, 지상 10층 규모로 총 41개 객실을 갖추고 있다. 2009년 개장된 보오메꾸뜨르부티크호텔의 명칭은 프랑스어 '보오메 쿠트르(Baume Couture)'에서 비롯되었다. 보오메는 '철저하고 정확하다'는 의미이며, 쿠트르는 '패션 디자이

너가 만든 맞춤 의상'을 뜻한다. 부티크 호텔(boutique hotel)은 런던, 뉴욕 등 대도시를 중심으로 등장한 숙박 시설이다. 규모, 위치, 서비스, 디자인 등의 측면에서 몇 가지 특징을 갖는다. 객실 수가 10개 이상 100개 이하인 중소 규모 호텔을 뜻한다. 도심 혹은 매력적 관광지와 가까운 곳에 위치하는 경우가 많다. 대형 체인 호텔이 표준화된 서비스를 제공한다면, 부티크 호텔은 불필요한 요소를 줄인 맞춤형 서비스를 추구한다. 각 호텔의 정체성을 담은 개성 넘치는 건축 디자인이 강점이다. 보오메꾸뜨르부티크호텔 역시 패션 디자이너가 꼼꼼하게 만

든 맞춤옷과 같은 작지만 세련된 호텔이다. 건축주가 의류 사업에 종사하는 점을 고려할 때 꼭 어울리는 호텔명이다.

유명 건축가의 작품, 트렌디한 디자인, 독특한 공간 구성, 전망을 즐길 수 있는 옥상 수영장 등을 보오메꾸뜨르부티크호텔의 특징으로 열거할 수 있다. 호텔 외관은 제주를 상징하는 건축 재료인 현무암 판석으로 처리되었다. 개구부는 최소화되어 내부 지향적 형식을 취한다. 도시 내 상업 밀집 지역에 위치하는 장소의 특징을 고려한 것이다. 특히 외관은 모듈화된 판석의 조합으로 마감했다. 협소한 대지 위에 건축된 지상 10층 호텔의 수직적 이미지가 강조되었다. 제주 현무암 특유의 질감으로 햇빛, 비, 안개와 같은 환경 변화에 따라 다양한 표정이 만들어진다. 이는 부티크 호텔의 독특함을 강하게 어필하는 건축적 요소다.

내부 공간 구조도 독특하다. 1층 로비의 프론트에서 접수를 진행하는 일반 호텔과 달리, 보오메꾸뜨르부티크호텔에서는 1층 출입구에 마련된 데스크에서 체크인이 이루어진다. 고딕성당 제단을 연상하게 하는 체

크인 장소의 탁자와 의자는 이 호텔의 상징처럼 느껴진다. 41개 객실은 건축가 승효상이 즐겨 사용하는 모노톤의 인테리어로 아늑하게 디자인되었다. 그 밖에 최상층에 위치한 야외 수영장, 사우나 시설은 보오메꾸뜨르부티크호텔의 가장 매력적인 공간이다. 이곳에서 감상하는 낮과 밤의 아름다운 한라산 풍경은 여행에 지친 투숙객의 심신을 달래줄 것이다.

넥슨컴퓨터박물관과
NXC센터

Nexon Computer Museum &
NXC Center

양건 | 2013

제주시 1100로 3198-8(노형동)

넥슨(Nexon)은 1996년 세계 최초의 온라인 그래픽 게임 '바람의 나라'를 개발한 기업으로 유명하다. '바람의 나라'는 사용자와의 소통과 교감에 기반을 두었다는 측면에서 혁신적 게임으로 평가받았다.

넥슨컴퓨터박물관은 이러한 개념을 이어받아 디지털과 예술을 결합한 새로운 구상으로 시작되었다. 기본적으로 수집, 보존, 연구, 전시, 교육 등 박물관 고유의 기능을 가지면서도 관람객과의 소통과 교감에 비중을 둔다는 점에서 차별성이 강조된다. 소통과 교감은 오픈 소스(open source)의 개념에서 출발한다. 오픈 소스는 무상으로 공개된 소스 코드나 소프트웨어를 뜻한다. 이처럼 소스 코드를 공유해 더 좋은 프로그램 개발을 이끌어내듯, 넥슨컴퓨터박물관은 넥슨의 소장품을 적극적으로 공유하고 관람객의 참여를 유도해 새로운 디지털 문화를 만들어 나가고자 한다.

지하 1층, 지상 3층 규모의 넥슨컴퓨터박물관은 각각 색다른 콘셉트로 전시가 기획되어 있다. 컴퓨터 기기의 발전, 컴퓨터를

기반으로 하는 게임의 발전, 컴퓨터가 일상생활에 끼치는 영향 등을 자세히 살펴볼 수 있도록 흥미롭게 구성되었다.

1층은 관람객이 주체적으로 전시의 일부가 되는 체험 공간이다. 관람객이 직접 데이터가 되어 신체 사이즈로 재현된 컴퓨터의 마더보드(motherboard) 회로를 따라가며 컴퓨터 내부 기기의 발전사를 체험하게 된다. 2층은 '게임, 현실과 판타지의 경계를 넘어'라는 주제로 슈팅 게임(shooting game)의 과거와 현재와 미래를 읽을 수 있는 전시 공간이다. 그와 함께 다양한 게임을 수집하고 보관하는 라이브러리로 구성되었다. 3층에서는 컴퓨터의 발달이 가져온 일상 속 즐거움을 체험할 수 있다. 랩(lab)이라 불리는 3개 공간과 개방적 형식의 수장고가 핵심 공간이다. 수장고 형식이지만 실질적으로는 보고 만지며 소통이 가능한 전

시 공간이다. 각 층을 연결하는 핵심 공간은 3개 층이 개방된 홀이다. 이 홀을 중심으로 각 층의 계단은 연속성과 분리성을 갖는다. 이는 주로 전시 공간에 적용되는 기법이다. 복도와 전시장을 하나로 연결하는 일종의 연속 순회 방식을 설계에 도입한 것이다. 특히 이 홀의 공간적 깊이는 경사진 벽으로 생긴 상부와 하부 공간의 변화, 천창을 통해 유입된 햇빛으로 질감의 변화에도 상당한 영향을 준다. 경사진 벽체는 의도된 건축적 장치인 셈이다. 단조로운 내부 공간만큼이나 제주 판석으로 마감된 외부 형태도 단순한 매스로 처리되었다. 주 출입구와 마주한 벽체 일부를 내부로 접어 입면 변화를 꾀하고, 내부 공간으로의 간접 채광을 유도한 점도 건축적으로 돋보이는 부분이다.

한편 넥슨컴퓨터박물관 인근 대지에는 사무 공간인 NXC센터가 자리 잡고 있다.

건축은 기본적으로 땅의 모양새와 쓰임새의 조건에 영향을 받기 마련이다. 하지만 어떤 상황에서도 중력은 피할 수 없다. NXC센터는 하부 구조 없이 상부 구조가 허공에 떠 있는 듯한 형식으로 정면의 첫인상이 강렬하다. 이러한 정면 디자인은 중력이라는 자연의 법칙을 벗어나 새로운 변화를 갈구하는 건축적 태도다. 이렇게 개방된 구조는 자연스레 중정, 건축물, 하늘로 이어지며 공간적 교감이 이루어진다. 또한 사무용 건축물이 갖는 균질 공간의 단조로움도 깨뜨린다. 단순히 중력을 벗어난 구조적 자유로움뿐만 아니라 입면 역시 독특하게 설계되어 있다. NXC센터는 도로 쪽의 유리 입면과 달리 숲을 향한 입면이 여러 개의 면으로 분할되었다. 이처럼 앞뒤가 대비된 형태의 입면은 NXC센터의 또 다른 건축적 자유로움을 느낄 수 있는 부분이다.

제주전문건설회관
Jeju Construction Center

이충기 | 2005

제주시 연북로 17(노형동)

신제주 상업지역에 위치한 제주전문건설회관 대지의 앞과 뒤에는 3미터 정도의 높낮이 차이가 있다. 건축가 이충기는 지형적 특징을 이용해 완만한 경사의 보행로를 설치했다. 이는 건물 이용자를 위한 배려가 돋보이는 부분이다. 그러나 제주전문건설회관의 가장 강렬한 건축적 요소는 외벽일 것이다. 1층 지면에서부터 건축물 상부 전체를 '접기(folding)식'으로 감싸듯 처리한 외벽이 매우 인상적이다. 외벽의 접기가 완결형으로 처리되지 않고 부분적으로 끊어져 있거나 외벽 자체가 비정형이라 강한 이미지를 연출한다. 접기식 외벽으로 입면은 저층 부분과 상층 부분으로 이분화했으며 외피와 내피가 이중 구조인 것이 특징이다. 각각의 입면에 개구부와 발코니를 장식적 요소로 사용했다. 이러한 기하학적 외벽의 형태는 단조로운 사면에 개성을 부여하고 가로의 풍경을 풍부하게 만든다.

탐라도서관
Tamla Library

김석윤 | 1989

제주시 정원로 50(노형동)

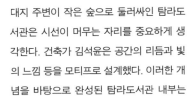

대지 주변이 작은 숲으로 둘러싸인 탐라도서관은 시선이 머무는 자리를 중요하게 생각한다. 건축가 김석윤은 공간의 리듬과 빛의 느낌 등을 모티프로 설계했다. 이러한 개념을 바탕으로 완성된 탐라도서관 내부는 넓게 트인 마당만큼이나 크고 높으며, 천장이 나지막한 모퉁이에는 앉을 자리를 마련해 여유로운 공간을 조성했다. 추녀와 퇴칸에서 걸러진 빛과 마당에 내려앉은 빛도 건물 안으로 들어와 은은한 공간을 만든다. 자연의 빛을 이용해 독서하는 데 불편함이 없도록 채광에 신경 쓴 것이다. 초기 탐라도서관의 외벽 마감재는 화산석송이 벽돌이었다. 특히 중앙에 위치한 서고 외벽은 제주다운 재료를 통해 전통적 이미지를 표현했다. 현재는 몇 차례 개축 과정을 거치며 변형이 이루어졌다. 제주 건축이 가지는 강력한 대칭적 요소, 개방성과 폐쇄성의 조화, 툇마루와 같은 매개 공간이 설계 과정에 적극적으로 도입되었다. 탐라도서관은 제주 건축의 언어성을 적절하게 표현한 건축물이다.

정승영치과
Jeong Seungyeong Dental Clinic

 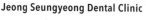

김승회 | 2014

제주시 연삼로 259(오라1동)

사람들의 시선을 사로잡는 개성적 입면과 외부 공간을 가진 건축물이다. 구조와 입면을 조화롭게 디자인한 건축가 김승회의 감각이 돋보인다. 입면은 주요 매스를 남북 방향으로 열어 두고 동서 방향으로 닫아 두는 방식을 취한다. 이러한 방식을 통해 사면의 공간적 성격이 명확히 구분되었다. 또한 열림과 닫힘의 건축 기법을 사용해 외부 벽체를 수직 루버 형식으로 쪼갰다. 이는 건축물의 구조체와 외피를 형성하기 위함이다. 철과 유리로 구성된 공간이 그 틀을 관통해 일체감 있는 구조가 완성되었다. 반면 육면체의 중첩을 통해 불규칙적 입면과 내부 공간이 만들어졌다. 여기에서는 구조체와 외피를 형성할 때와는 다른 느낌으로 열림과 닫힘의 반복성이 유지되고 있다. 특히 외관상 캔틸레버(cantilever) 형식으로 도출된 구조물은 입면의 균형감과 비례감을 깨뜨린

다. 그러면서도 강렬한 메시지를 전달하는 장식적 요소로 기능한다. 이곳은 3층에 자리한 정승영치과 진료 대기 홀의 일부 공간이다. 내부 공간임에도 안과 밖, 열림과 닫힘의 느낌을 모두 체험할 수 있다. 이러한 효과는 의도적으로 계획된 것이다. 이곳에서는 번화가 교차로의 풍경뿐만 아니라 멀리 한라산의 풍광까지 여유롭게 감상할 수 있다. 주 진입구는 나무와 금속 재료를 활용해 입면을 처리했다. 이는 시각적으로 저층 부분의 안정감을 확보하고, 상층 부분에 변화를 주기 위한 것이다.

이 건축물은 지하 1층, 지상 4층 규모로 설계되었다. 1층에는 커피숍과 자동차 판매장, 2층에는 의류 및 구두 매장, 3층에는 치과, 4층에는 외과가 입점해 있다. 앞서 언급한 3층 정승영치과 진료 대기 홀은 4층 천장 높이까지 열린 형태로 설계되었다. 이 홀은 외부에 도출된 공간으로 확대되어 넓고 독특한 풍경이 담겼다. 반면 4층은 별도의 개방된 홀 없이 데스크와 의자로 구성되었다. 이처럼 3층과 4층의 내부 공간은 각각의 개성을 갖추고 있다.

159

제주아트센터
Jeju Arts Center
양건 | 2010
제주시 오남로 231(오라2동)

제주아트센터는 1985년 건축된 제주특별자치도문예회관의 기능을 보완한 건축물이다. 도시 확장에 따른 문화 공간 인프라 구축을 위해 건립이 추진되었다. 특히 대극장은 1,184석 규모의 객석과 다양한 공연이 가능한 무대를 갖추었다. 제주아트센터는 3개 매스로 구성되어 있다. 즉 무대 부분의 수직 요소를 의미하는 매스, 객석 부분에 해당하는 타원형 원뿔 매스, 이들을 연결하는 수평 요소의 사각형 매스로 이루어졌다. 그

중 핵심 공간은 객석 배치와 무대 디자인이다. 객석과 무대의 구조에 따라 문화 공간으로서의 상징성과 공연의 질을 좌우하는 음향 수준이 달라지기 때문이다.

제주아트센터의 상징성은 내부 요소와 외부 요소로 나타난다. 내부의 상징성은 타원형 원뿔로 처리된 객석 부분에서 발견할 수 있다. 좌석 배치와 음향 설비에 각별하게 신경 썼으며, 2층 객석 홀에 동판을 사용해 입체 효과를 살렸다. 이는 1층과 2층이 개방된 내부 공간의 장식적 요소로 기능한다. 반면 외부의 상징성은 타원형 원뿔 매스가 사각형 매스를 관통하는 모습에서 찾을 수 있다. 이러한 기하학적 결합은 기존 공연 시설의 형태와 차별화된 건축 언어다. 그리고

내부에서 외부로 지향성을 갖게 하기 위한 설계 방식이다. 수평 요소인 사각형 매스는 유리로 처리해 투명성을 강조했다. 타원형 원뿔은 동판으로 마감해 형태와 색감이 강렬하게 느껴지도록 처리했다. 투명성과 강렬함은 빛의 강약에 따라 전혀 다른 분위기를 연출한다. 제주아트센터의 낮과 밤이 다르게 느껴지는 이유다.

기능성의 측면에서는 300명가량 출연이 가능한 전면 무대, 측면 및 후면 무대, 회전 테이블 등으로 계획되었다. 이때 무대와 객석의 접근성을 높이고, 공연의 질을 높이기 위해 오케스트라 피트 등 주요 시설을 갖추었다. 특히 메인 막(house curtain)은 공연의 시작과 끝을 알리는 중요한 요소다. 이

막은 무대와 객석의 경계에 놓이기 때문에 공연장의 첫인상을 크게 좌우한다. 제주아트센터 대극장 메인 막은 제주를 대표하는 화가 변시지의 작품 〈희망〉을 설치했다. 제주를 상징하는 바다와 초가, 말과 사람이 화폭에 어우러진 이 작품은 제주아트센터를 찾은 관객의 시선을 사로잡는다.

제주대학교 아라뮤즈홀
Aramuse Hall
at Jeju National University

변진식, 김태일 | 2008
제주시 제주대학로 102(아라1동)

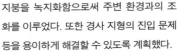

제주대학교 아라뮤즈홀은 공연 시설(아라뮤즈홀)과 교육 시설(국제언어교육관)이 결합된 공간이다. 복합 기능을 갖춘 시설인 만큼 독특한 배치 형태, 공간 구성, 진입 방식으로 계획되었다. 전형적 판상형(板狀型) 교육 시설 구조와 비교할 때 공간 소모성이 큰 것처럼 보일 수 있다. 하지만 이는 기능과 형태의 구분, 경계의 모호성, 주변 녹지 환경의 조성 등을 두루 의식한 것이다. 아라뮤즈홀의 건축 키워드는 지형의 복원, 기능적 혼재와 분리, 공간의 경계성이다.

건축 당시 계획된 대지는 경사진 땅을 심하게 절토한 상태라 오히려 외부 공간 활용성이 떨어지는 상황이었다. 그뿐 아니라 내부 공간으로의 진입 방식과 건축물 주변의 물리적 조건 역시 충족하기 어려웠다. 절개된 대지를 원래 지형으로 되돌리기 위해 최소한의 조건에 맞춰 설계했다. 이 과정에서 지붕을 녹지화함으로써 주변 환경과의 조화를 이루었다. 또한 경사 지형의 진입 문제 등을 용이하게 해결할 수 있도록 계획했다.

한편 무대 위에는 원활한 공연을 위해 조명, 배경 등 각종 장비가 설치된다. 그런 이유로 무대 상부에는 높은 공간이 필요하다. 이러한 공간적 요구를 반영해 아라뮤즈홀은 절개지(切開地) 방향으로 배치되었다. 객석 지붕을 지형에 따라 경사지게 배열함으로써 남북의 공간을 연결했다. 이 과정에서 아라뮤즈홀의 공연 기능이 크게 변하지 않도록 유의했다. 반면 교육 기능이 강한 국제언어교육관은 아라뮤즈홀과 구조적으로 구분되면서도 복도와 계단을 통해 연결된다. 외국어교육관, 중앙도서관, 아라컨벤션홀 등 주변 시설과의 연결성도 고려했다. 주요 시설 이용자가 아라뮤즈홀의 외부 경사 계단으로 통행할 수 있도록 설계함으로써 공간적 다양성을 확보했다. 초기 설계안에 비해 보행자 전용로의 폭은 줄어들었다. 이 통로는 진입 방향에 따라 하늘, 바다, 녹지 공간 등 주변 풍경을 의식해 바람을 끌어들인다. 이러한 경계의 모호성을 통해 내부와 외부 공간은 더욱 다채롭게 변화할 수 있다.

제주대학교 교육대학 본관
College of Education at Jeju National University

김한섭 | 1973

제주시 일주동로 61(화북1동)

건축가 김한섭은 1920년 제주에서 태어났다. 일본에서 건축 공부를 마친 후 광주를 중심으로 제주, 서울 등에서 활발하게 활동했다. 특히 그는 1960–1970년대 제주지역에 다수의 건축물을 설계했다. 공공 건축물을 비롯해 민간 건축물까지 종류도 다양하다. 김한섭은 당시 건축의 불모지와 다름없던 제주지역의 개척자라 해도 과언이 아니다. 제주의 문화를 반영한 실험적 건축을 시도했다. 이 시기 그의 대표작으로 옛 남제주군청, 동문시장과 동양극장, 제주대학교 교육대학 본관 등이 언급된다.

특히 제주대학교 교육대학 본관은 근대건축이 추구하던 절제미와 기능주의의 성격을 잘 반영하고 있다. 무장식적 요소의 강조, 지역에서 시공 가능한 구조, 현지에서 구할 수 있는 건축 재료 사용을 기본 설계 목표로 설정했다. 건축물은 2개의 매스가 마주한 구조로 배치되었다. 이를 연결해 '일(一)'자

형 평면 구성으로 완성했다. 건축물의 대지는 산자락 아래에 위치하는데, 지형의 인위적 변화를 최소화하면서 땅의 생김새에 순응하는 방식을 따른다. 건축물의 분절과 배열에 따른 위압감을 줄이면서도 자연경관을 훼손하지 않으려는 배려가 느껴진다. '이(二)'자형 구조를 연결하는 건축물의 4층 도서관과 옥탑 층을 경사지게 배치함으로써 단조로운 입면에 변화를 준 것이 특징이다. 또한 제주대학교 교육대학 본관은 건축물 뒤로 펼쳐진 사라봉(紗羅峰) 경사면과 자연스럽게 조화를 이루도록 계획되었다.

중선농원

Joongsun Nongwon

건축가 미상 | 1975

제주시 영평길 269(월평동)

중선농원은 감귤 농장의 농가, 창고 등 4개 건물을 개조해 활용한 복합 문화 공간이다. '중선'이라는 이름은 건축주의 선친이 과거에 운영한 기업 이름을 딴 것이다. 중선농원의 4개 건물은 독립된 건축물로서 아름다움을 가지면서도 상호 유기적으로 묶여 있다. 전시를 둘러보고 사색을 즐기며 가벼운 식사까지 할 수 있는 복합적 공간이다. 큰 창

고는 비영리 전시장인 갤러리 2, 작은 창고는 카페로 구성했다. 이 밖에도 농기구 창고를 개조한 인문예술도서관 청신재(晴新齋), 농가를 리모델링한 게스트하우스 태려장(太麗莊) 등을 운영 중이다.

중선농원의 핵심 시설은 갤러리 2다. 감귤 창고는 제주의 감귤 산업을 상징적으로 보여주는 공간이다. 갤러리 2는 현무암으로 지어진 감귤 창고의 기본 외벽을 그대로 두었다. 그 대신 천장과 외벽 사이를 약간 높여 반투명 플라스틱 패널(plastic panel)을 설치했다. 또한 측면 채광 기법을 통해 갤러리로서 공간적 깊이를 두었다. 이는 전시 공간을 용이하게 확보하면서도 내부 공간을 은은하게 연출할 수 있도록 건축적으로 배려한 것이다. 중선농원 안에 마련된 카페도 목조 트러스 등 기본 골격을 활용해 간결한 공간으로 재생했다.

DK서비스
DK Service

유석연 | 2006
제주시 한북로 35(오등동)

DK서비스(Daum Kakao Service)는 독창성과 창의성이 요구되는 IT 기업의 업무 특성을 고려해 설계되었다. 2006년 건립 당시에는 '다음GMC(Daum Global Media Center)'로 불렸다. 현재는 '카카오(Kakao)'로 사명이 바뀌었지만, 당시 다음의 제주 이전에 관한 핵심 가치는 커뮤니케이션 환경의 실험이었다. 경영진에게는 새로운 방식으로 조직을 운영하는 시도였고, 직원에게는 새로운 지역에서 적응해야 하는 시간이었다. 그런 점에서 DK서비스 사옥은 그 자체로 실험적 건축이라 할 수 있다.

기업 이념과 지역 특성을 담아내는 것이 설계의 목표였다. 즉 '이 세상의 다양한 소리를 담아낸다'는 '다음(多音)'의 의미를 설계에도 반영한 것이다. 제주의 특수한 환경을 고려해 바람으로 소리를 내는 관악기의 개념을 건축적 모티프로 삼았다. 하나의 매스로 구성된 건축물은 경사진 지형을 따라 길게 배치되었다. 동서 방향과 남북 방향으로 긴 마당 공간을 두었다. 특히 남북 방향의 마당은 경사진 지형과 조화를 이룬다. 바람과 지형과 공간이 어우러져 마치 관악기처럼 기능하도록 의도했다. 건축가 유석연은 이를 '윈드 인스트루먼트(Wind Instrument)'라고 부른다. 이는 관악기를 뜻하는 말이지만, 바람의 악기를 의미하기도 한다. 즉 바람이 지나가는 마당, 바람을 품은 거대한 건축물인 셈이다. 이렇게 계획된 마당은 하나의 매스를 여러 개로 분절해 위압감을 줄인다. 지형에 순응한 작은 건축적 장치로서의 역할을 충실히 수행하는 것이다. DK서비스 내부 공간에는 사람과 사람, 사람과 사회의 소통을 중요하게 생각하는 기업 이념이 반영되었다.

현재 DK서비스는 카카오와 다음의 다양한 서비스 운영을 담당하는 기업이다. 인터넷·모바일 서비스 운영을 비롯해 검색 데이터베이스 구축과 운영, 지도 콘텐츠 관리, 고객서비스 관련 업무 등을 체계적 방식으로 진행하고 있다.

체화된 아치형을 몇 가지 타입으로 모듈화해 건축 형태를 구성했다. 기둥과 벽체로 구획을 나눈 일반 건축물의 정형화된 아름다움과는 전혀 다른 멋스러움이 느껴진다. 입면의 어떤 부분은 커다랗게 변형된 아치 구조가 창문으로 표현되었다. 또 다른 측면에서 바라본 입면의 경우 아치 형태가 연속적으로 이어져 외부 통로를 구성한다. 모듈이 결합된 형태에 따라 입면의 표정이 풍부하고 다양해지는 것이다. 카카오스페이스닷원의 사무 공간은 비정형적 형태이며, 다소 가파른 경사 지형에 자리 잡고 있다. 이곳을 설계한 건축가 조민석은 사무 공간이 주변 경관과 조화를 이룰 수 있도록 옥상을 녹화 공간으로 조성했다.

카카오스페이스닷원

Kakao Space.1

조민석 | 2012

제주시 첨단로 242(영평동)

카카오스페이스닷원은 구조적 형태가 아름답게 표현된 건축물이다. 기둥과 천장이 일

카카오스페이스닷투

Kakao Space.2

아이아크 | 2014

제주시 첨단로 216-19(영평동)

카카오스페이스닷원에 인접해 있지만 전혀 다른 형태의 공간이다. 카카오스페이스닷원이 건축물 구조를 노출해 형태적 아름다움을 표현했다면, 카카오스페이스닷투는 일반적으로 사무 공간에 적용되는 격자형 구조에 기초해 공간을 구획했다. 철골구조에 유

리로 마감한 건축물이며, 사무동과 관사동으로 구성되어 있다. 전면이 유리로 마감된 사무동과 달리 관사동은 정형화된 박스의 중첩으로 다양한 입면을 연출할 수 있다.

　카카오스페이스닷투의 건축적 독특함은 그리드(grid)로 구획된 지붕에 있다. 특히 지붕 주변은 막구조 형식이다. 막구조의 동쪽과 서쪽은 일출과 일몰 시 햇빛을 막아 준다. 막구조가 외부 공간에 변화를 주면서 완충 역할을 하는 것이다. 이는 입면의 변화뿐만 아니라 내부와 외부의 공간 변화를 유도한다. 카카오스페이스닷투는 서쪽으로 돌아 건축물 내부로 진입하도록 계획되어 있는데, 중정과 같은 외부 공간을 중심으로 사무동과 관사동이 구분된다.

카카오스페이스닷키즈
Kakao Space.Kids

아이아크 | 2014

제주시 첨단로 216-18(영평동)

자녀가 있는 카카오 직원을 위해 마련된 보육 시설이다. 비정형적으로 보이지만 실제로는 규칙성과 체계성을 갖춘 카카오스페이스닷원, 규칙적 모듈에 따라 공간이 구성된 카카오스페이스닷투와 전혀 다른 스타일의 건축물이다. 어린이집은 아이들에게 생활 공간이자 교육 공간이다. 그렇기 때문에 유아가 사용하는 공간은 자발적 놀이 활동이 가능해야 한다. 아이들은 놀이교육을 통해 지식이나 사회성을 체득할 수 있기 때문이다. 카카오스페이스닷키즈는 놀이 공간을 중심으로 구성되어 있다. 이곳의 놀이 공간은 마치 작은 오름에 숨어 있는 듯한 기분이 느껴지도록 계획되었다. 건축물의 과도한 노출을 피하면서도 내부와 외부가 모두 놀이 공간으로 이어질 수 있게 배려했다. 외관은 오름을 닮았으며 전체 공간에는 연속적 동선과 위계적 흐름이 있다. 주 출입구를 거쳐 개방 공간에 들어가면 가든 스페이스(Garden Space)라는 외부 마당으로 이어진다. 내부와 외부를 연결하는 접점 공간이자 실내 채광 기능을 담당하는 곳이다. 무엇보다 어린이들의 놀이 마당으로 기능한다. 외부 마당을 거쳐 중앙 홀을 중심으로 보육실, 유희실, 수면실 등이 마련되어 있다. 특히 실내 공간은 산호섬, 사막, 정글, 동굴 등을 테마로 디자인했다. 영아와 유아의 공간을 구분하면서도 유기적으로 연결한 것이 카카오스페이스닷키즈의 특징이다.

제주화물자동차공영차고지
Jeju Motor Trucks
Public Parking Lot

오용화 | 2009
제주시 번영로 345(도련1동)

2003년 화물연대 총파업 당시 화물 운전자를 위한 휴게 공간 부족, 물류기지 네트워크 미비 등 인프라 구축의 필요성이 제기되었다. 그 뒤에 공영 차고지 건립이 추진되며, 정부가 주도하는 화물차 전용 복합 휴게소 사업의 일환으로 2009년 제주화물자동차공영차고지가 지어졌다. 교통량이 많고 제주항과 가까운 번영로 초입에 위치하고 있다. 이곳에 세워진 건축물은 화물차 운전자를 대상으로 휴식 공간을 제공한다. 아울러

차량 정비, 운송 주선, 주차 등의 업무도 지원한다. 3만 3,448제곱미터 대지 위에 건립된 이 건축물의 총면적은 2,778제곱미터다. 지하 1층, 지상 3층 규모로 SK에너지가 민간사업자로 시공을 담당했다.

외관은 고속도로를 달리는 컨테이너 트럭처럼 견고하고 날렵한 이미지로 완성되었다. 특히 1층에서 2층과 3층으로 연결되는 외부 계단은 사용자 동선의 효율성을 고려했다. 단조로운 입면에 흥미로운 변화를 주는 장식적 요소일 뿐만 아니라, 녹지 공간으로 조성된 작은 테라스로도 기능한다. 번영로를 향해 돌출된 이 외부 계단은 징크 패널로 둘러싸여 있다. 이는 마치 컨테이너 트레일러에 화물이 운반되는 모습을 강하게 어필한 것 같다. 1층에는 식당을 비롯해 여러 편의 시설이 마련되어 있다. 2, 3층은 업무 시설과 숙박 시설로 구성되었다.

한편 건물 남측과 북측의 입면은 각각 한라산과 바다를 향해 열려 있다. 오랜 시간 이동에 지친 화물 운전자가 아름다운 풍경을 바라보며 휴식할 수 있도록 계획되었다.

제주절물자연휴양림 산림문화휴양관
Forest Culture Recreational Center at
Jeju Jeolmul Natural Forest Resort

김윤희 | 2009
제주시 명림로 584(봉개동)

제주에는 서귀포자연휴양림, 교래자연휴양림, 붉은오름자연휴양림 등 여러 자연휴양림이 있다. 제주시에서 조금 벗어나 봉개지역에 위치한 제주절물자연휴양림 역시 제주를 대표하는 산림 휴양지 가운데 하나다. 삼나무 숲길이 장관이어서 주말뿐만 아니라 평일에도 많은 관광객이 방문하는 곳이다.

제주절물자연휴양림 안에 위치한 산림문화휴양관은 단층으로 설계된 숙박 시설이다.

산림문화휴양관은 구부러지고 휘어진 노송(老松) 2그루가 서로 의지한 모양을 건축적으로 형상화했다. 이는 완만한 곡면을 가진 2개 매스가 결합된 형태다. 이러한 구조 덕분에 저절로 내부 중정이 만들어지게 되

었다. 내부에서 외부의 풍경을 바라보는 시선도 한층 자연스러워졌다.

산림문화휴양관의 또 다른 특징은 지형에 대한 배려다. 경사 지형을 크게 변형시키지 않으면서 기본 구조를 아치형으로 처리했다. 지형적 조건을 이용한 진입 방식, 숲 속 풍경을 의식한 형태의 분산, 평면과 입면 이미지의 통합성 등을 고려해 계획한 점이 돋보인다. 삼나무 숲길 사이에서 산림문화휴양관의 콘크리트 구조가 갖는 부자연스러움을 감추듯 상부 입면은 목재로 마감했다. 이는 자연과의 조화를 중요하게 다루는 건축적 기법으로 이해할 수 있다. 제주절물자연휴양림의 풍경은 곶자왈과 사뭇 다르다. 암석과 숲으로 구성된 곶자왈의 생태 경관과 달리, 제주절물자연휴양림은 지역 주민이 심은 삼나무가 성장해 울창한 숲을 이루었기 때문이다. 이처럼 산림문화휴양관은 제주의 숲 한가운데 머물며 마음껏 자연을 즐기는 힐링의 공간이다.

제주도립미술관
Jeju Museum of Art

간삼건축종합건축사사무소 | 2009

제주시 1100로 2894-78(연동)

제주도립미술관은 제주 미술계를 중심으로 오랫동안 건립에 대한 논의가 추진되었다. 민간투자사업 방식으로 진행되었으며 2007년 착공해 2009년 개관했다. 총면적 7,087제곱미터 규모로 공간 구성은 다음과 같다. 1층에는 기획전시실, 장리석기념관, 강당, 시민갤러리, 세미나실, 뮤지엄숍 등이 있다. 2층은 휴게라운지, 상설전시실, 옥상정원 등으로 구성되었다.

제주도립미술관은 단순한 형태의 틀에 제주를 상징하는 자연적 요소인 하늘, 물,

바람, 빛을 담아내려는 의도로 설계되었다. 간결한 형태의 외관은 크게 채워진 면(面)적 요소로 표현된 입방체, 선(線)적 요소를 갖는 프레임으로 구성된다. 단순한 형태의 틀이 경계와 영역을 만들고, 여기에 열림과 닫힘이라는 보편적 건축의 가치를 담아낸 것이다. 제주의 자연적 요소들이 경계와 영역에 스며들면서 제주스러운 분위기가 만들어졌다. 또한 건축물 곳곳은 자연스럽게 제주의 풍경으로 채워진다. 주 진입구의 좁은 길, 주 진입구에 놓인 무의미해 보이는 구조체, 내부에 숨겨진 중정, 중정을 중심으로 구성된 전시 공간, 프레임으로 감춰진 마당 등이 그러하다. 이러한 공간에 하늘, 물, 바람, 빛이 어우러지며 건축물의 감성적 면모를 돋보이게 한다. 관람객은 경계와 영역을 넘나들며 둘러볼 수 있다. 전시 공간에서는 예술 작품을 감상하고, 전시 공간을 벗어나면 주변 자연을 감상하게 되는 것이다.

한라도서관
Halla Library
김석윤 | 2008

제주시 오남로 221(오라2동)

우당도서관, 탐라도서관, 한라도서관은 제주의 대표적 도서관이다. 도서관으로서의 기능 외에도 각각의 건축 배경이 다르기 때문에 이야깃거리가 풍부하다. 탐라국의 성지 삼성혈에 얽힌 이야기처럼, 제주의 문화적 원형은 대개 땅에서 기인한다.

한라도서관의 설계 개념도 땅의 형국에 순응하고 있다. 굼부리(화산체의 분화구를 가리키는 제주어), 동굴 등 원형의 공간을 건축적으로 의식하고 체험하게 하려는 의도에서 출발한다. 대지의 특성상 한라도서관은 급경사를 내려다보는 형식으로 배치될 수밖에 없었다. 이러한 지형 조건을 이용해 자연스럽게 제주문헌실과 일반자료실 등은 비움의 공간으로 두고, 강의실과 시청각실 등은 채움의 공간으로 재구성했다. 이는 앞서 말한 것처럼 내부 공간을 굼부리나 동굴과 같은 체험적 은유의 공간으로 표현한 것이다. 주 진입부에서 바라본 한라도서관은 그리 위압적이지 않다. 내부에 들어서면 넓은 공간에서 좁은 공간으로 동선이 이어지며 이완과 긴장을 유발한다. 이 구조는 굼부리의 모양을 연상시키는 지하의 일반자료실로 유입된다. 이곳은 개가제(開架制) 방식으로 운영하고 있다. 지붕과 외형도 경사의 흐름에 따라 배치되었다. 내부 공간의 비움과 채움의 성격을 고려해 경사지붕과 평지붕의 형식으로 조화롭게 구성했다. 특히 구내식당을 별개의 공간으로 분리해 소음 문제를 해결한 것이 특징이다. 이곳은 단순한 식사 공간이 아니라 도서관에서 몰입된 마음을 완화시키는 여유로운 공간으로 기능할 수 있도록 계획되었다.

한라도서관 인근에는 제주아트센터가 자리하고 있다. 도서관과 함께 복합 문화 공간까지 편리하게 이용할 수 있는 것이다. 이처럼 공공 시설의 복합화는 건축적 측면과 사회적 측면을 고려한 시대의 산물이다.

우당도서관
Woodang Library

김종성 | 1984

제주시 사라봉동길 30(건입동)

전 대우그룹 회장 김우중과 형제들이 부친인 우당(愚堂) 김용하를 기리기 위해 설립한 도서관이다. 우당 김용하는 제4대 제주도지사를 역임했다. 건축가 김종성이 설계를 맡았고, 1984년 개관 후 이듬해 제주시에 기증했다. 총면적 6,796제곱미터인 지하 2층, 지상 3층 규모의 도서관이다. 내부공간의 배치 형태는 소강당, 어린이자료실 등으로 구성된 매스와 자료실, 열람실 등으로 구성된 매스로 나뉜다. 1-3층이 개방된 중앙 홀을 중심으로 좌우 계단을 통해 수직이동하게 되어 있다. 중앙 홀은 상부가 오픈되어 천창을 통해 은근한 햇살이 들어온다. 우당도서관이 다른 도서관과 구별되는 점은 주 공간 양측에 배치된 정원이다. 이 정원은 중앙 홀 양측 출입구를 통해 직접 드나들 수 있도록 계획되었다.

아라리오뮤지엄 동문모텔 2
Arario Museum Dongmun Motel 2

건축가 미상 | 1970

제주시 산지로 23(건입동)

아라리오뮤지엄 동문모텔 2는 제주시 원도심을 가로질러 흐르는 산지천 끝자락에 자리 잡고 있다. 산지천 하류 주변은 산짓물, 금산물, 지장깍물 등 제주 도민이 식수원으로 사용하던 용천수가 집중된 지역이다. 이곳에는 오래전부터 섬과 육지를 연결하는 산지포구가 있었고, 현재 인근에는 제주항 여객터미널이 자리 잡고 있다. 그렇기 때문에 이 일대에는 육지 나들이객을 위한 숙박 시설이 자연스럽게 모여들었다. 동문모텔 2도 그중 하나였다. 과거 모텔이었던 이 건축물은 리모델링되어 미술 전시장으로 새로운 생명력을 갖게 되었다. 예전의 모습을 감추려는 듯 외관은 붉은색 철재를 사용해 강렬하고 화려하게 마감 처리했다. 그와 대조적으로 내부에는 과거의 흔적이 남아 있다. 바닥과 계단을 비롯한 객실 일부가 전시 공간으로 재구성되었다. 거칠게 드러난 벽과 기둥은 험한 세상을 살았던 당시 포구 사람들의 삶을 단면적으로 보여주는 듯하다.

아라리오뮤지엄은 동문모텔 2 외에도 동문모텔 1과 탑동시네마를 운영 중이다. 동

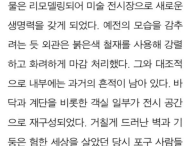

문모텔 2에서 멀지 않은 곳에 자리한 동문모텔 1은 제주 사람들의 애환이 깃든 장소인 동문시장과 칠성골 근처에 있다. 이 건물은 오래전 병원이었다가 모텔로 사용되었으며, 2015년 전시 공간으로 개조되어 새롭게 문을 열었다. 원도심이 쇠퇴함에 따라 본래의 기능을 자연스럽게 잃게 된 건축물을 문화 공간으로 개조한 것이다. 내부에는 과거 이곳이 여관이었음을 짐작하게 하는 자취가 동문모텔 2보다 더욱 또렷하게 남아 있다. 이러한 흔적은 때로는 작품으로, 때로는 전시의 부속 기능으로 활용되어 매우 독특한 분위기를 완성한다.

아라리오뮤지엄 탑동시네마는 극장이었던 건축물을 전시 공간으로 개조한 것이다. 1999년 개관한 탑동시네마는 4개 상영관으로 구성된 영화관이었다. 그러나 2000년대 대형 멀티플렉스 극장의 등장으로 점차 쇠퇴의 길을 걸었고 2005년 폐관했다. 이곳은 동문모텔 1, 2와 외관 및 내부 전시 공간의 느낌이 확연히 다르다.

다양한 형태의 아라리오뮤지엄에서는 현대미술의 흐름을 다각도로 살펴볼 수 있다. 창업자 김창일 회장이 수집한 국내외 현대미술 작품을 전시하고 있기 때문이다. 컬렉션의 규모는 세계적 수준을 자랑한다. 폐건물을 활용한 아라리오뮤지엄은 과거의 기억과 흔적을 전시 공간의 주요 기능으로 끌어들인 점이 인상적이다. 이는 작품과 관객 그리고 건축물이 경계를 허물고 하나가 되는 신선한 접근 방식이다. 이러한 공간의 변화는 문화예술을 통한 원도심 재생 사업에도 긍정적 영향을 줄 것으로 기대를 모은다.

호텔하니크라운

Hotel Honey Crown

김태식 | 1963

제주시 삼성로 10(이도1동)

1960년대 정부의 관광 개발 정책에 따라 제주에 호텔이 건립되기 시작했다. 호텔하니크라운은 제주에 건립된 최초의 민간 호텔이다. 특히 건축사적으로 1세대 건축가 김태식이 설계했다는 점에서 매우 의미가 크다. 김태식은 1935년 경성제일고등보통학교를 졸업했으며, 1941년 니혼대학 전문부 건축과를 졸업한 유학파 건축가다. 해방 이후 처음으로 국내에 건축사무소를 개소한 인물이기도 하다. 호텔하니크라운은 개관 당시 제주관광호텔이라는 명칭으로 운영되었다. 1962년 기공해 1963년 개관했으며 객실 33개 규모의 고급 호텔이었다. 호텔 안에 커피숍, 바 등이 마련되어 있었다. 옛 제주관광호텔은 박정희 대통령의 제주관광종합개발계획과 밀접한 관련성을 갖는다. 1961년 5·16군사정변이 발생한 뒤 박정희 대통령은 제주를 관광지로 개발하기 위해 구체적 구상을 수립했다. 초기 단계부터 이

미 제주의 관광호텔 건립을 염두에 두었던 것 같다. 민간 자본이 투입된 관광호텔이 제주에 들어설 수 있도록 당시 정부 차원에서 지원이 이루어진 것으로 보인다.

기본 배치는 'L'자형이며 객실 1개 폭을 기준으로 삼아 기둥 간격이 설정되었다. 이 설계 방식은 경제성을 고려한 철근콘크리트 구조다. 매스는 복잡한 건축적 기교를 부리기보다 간결함이 돋보이는 직방체로 구성했다. 1층은 서비스 공간, 2-3층은 객실 공간으로 구성되어 있다. 건물과 담으로 둘러싸인 안쪽의 중정은 현관 홀에서 쉽게 인지되지 않는 것이 특징이다. 다소 폐쇄적이지만, 식당이나 커피숍과 같은 서비스 공간에서는 시각적으로 공유되어 아늑함을 느낄 수 있다. 입면에 배치된 수평적 형태의 창은 르 코르뷔지에의 근대건축 5원칙을 따르는 듯하다. 하지만 상층부의 큰 매스를 시각적으로 안정감 있게 받치기에는 1층의 저층부 층고가 약간 낮아 보인다. 정면 왼쪽에 설치한 굴뚝은 본래 기능뿐만 아니라 매스의 볼륨에서 다소 과장된 느낌으로 우뚝 솟아 있다. 이는 호텔하니크라운 건물 전체에 지배적 조형 요소로 작용하고 있다.

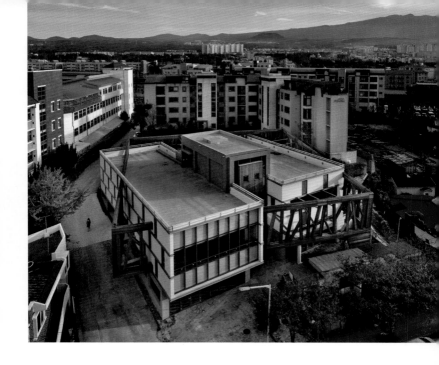

강한건설 사옥

**Ganghan Construction
Office Building**

양건 | 2016
제주시 간월동로 24(아라2동)

강한건설 사옥의 독특한 외관이 시선을 끈다. 마치 표피(skin)와 공간(space)이 독립성을 지향하는 듯하다. 건축물의 사면을 휘감아 과다하게 느껴지는 표피를 다공성(多孔性)으로 설명하고 있다. 이는 제주 현무암의 특징인 공기 구멍, 즉 공극(孔隙)과 맥을 같이한다. 다른 의미로는 경계의 모호성으로 설명할 수 있다. 건축적 경계성은 특정 사물 안으로 다른 사물이 귀속되거나 분리되는 것을 말한다. 이는 안과 밖, 새로운 것과 낡은 것을 구분하는 기준이기도 하다. 전자는 이른바 제주의 정체성과 관련된 문제다. 후자는 건축적 경계성과 관련된 문제다. 표피는 이러한 디자인 개념을 담아내는 셈

이다. 제주의 정체성이나 건축적 경계성의 문제를 떠나 표피는 쉽게 퇴색되는 목재로 마감되었다. 시간의 흐름, 기후의 변화에 따라 다양한 표정을 연출하는 또 다른 건축적 장치인 것이다. 내부 역시 경사 지형의 조건에 따라 수직적·수평적 공간들이 층층이 쌓였다. 전면과 후면으로 각각 독립되어 있는 진입 동선을 처리하고, 중앙 계단은 공간을 수직 및 수평으로 분할한다.

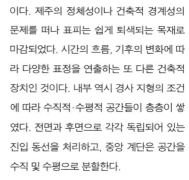

미르게스트하우스

Go.Mir

문훈 | 2013

제주시 용담로7길 4(용담2동)

미르게스트하우스는 제주대학교 사범대학
부설 고등학교 삼거리에서 용두암 방향으로
가는 길목에 있다. 독특한 색깔과 형태로 사
람들의 시선을 사로잡는 숙박 시설이다. 이
건축물은 다면체의 비례감과 개구부의 형
태가 묘한 매력을 가졌다. 검은색과 붉은색
으로 치장된 색상의 대비 역시 강렬하다. 위
트 넘치는 건축가 문훈의 개성과 취향이 설
계에 적극 반영되었다. 미르게스트하우스는
보통의 게스트하우스와 구별되는 도전적 건
축 언어로 표현되었다. 용두암을 구성하는
제주 화산암의 색상과 형태를 모티프로 삼

은 것이 특징이다. 멀리서 바라본 이 건축물
은 마치 매끈하게 다듬어진 제주 화산암과
같다. 그러나 내부 공간은 흰색을 주조색으
로 선택해 대조적 느낌을 강조했다. 공통적
으로 사용된 붉은색은 내부와 외부 공간의
특징을 돋보이게 한다.

1층은 사무실과 카페를 비롯해 2-3인용
숙소, 2층은 식당과 남성 전용 숙소, 3층은
휴게실과 여성 전용 숙소로 구성되어 있다.
좁고 긴 중정은 환기와 채광에 도움이 될 뿐
만 아니라 내부 공간을 풍부하게 만든다. 또
한 하늘과 땅의 변화를 느낄 수 있는 감상의
공간이기도 하다. 특히 미르게스트하우스의
건축적 포인트는 붉은색으로 마감된 극장
식 테라스다. 테라스의 코너에는 바다와 한
라산을 한눈에 감상할 수 있는 전망대가 있
다. 전망대는 주변 경관을 조망하는 독립적
공간이자, 다면체의 단조로움을 깨뜨리는
장식적 요소다. 이처럼 옥상 라운지는 제주
의 사계절을 피부로 느끼고 다양한 사람들
과 자유롭게 교감하는 공간이다. 이곳에서
는 영화를 감상하고 커피를 마시며 제주의
자연을 여유롭게 즐길 수 있다.

제주국제공항
Jeju International Airport

건축가 미상 | 1983

제주시 공항로 2(용담2동)

제주국제공항은 일제강점기인 1942년 육군 비행장으로 개설되었다. 해방 이후 1946년부터 민간 항공기가 취항했으며, 1958년 제주비행장이 설치되었다. 1968년 국제공항으로 승격되면서 비로소 제주의 관문 역할을 수행하기 시작했다. 1983년 제주국제공항 청사의 신축이 이루어졌고, 2009년에는 나날이 증가하는 해외 관광객을 수용하기 위해 국제선 여객 청사를 확장했다. 2016-2018년에는 여객터미널 증축 및 리모델링이 이루어졌다. 여객터미널의 수용규모는 연간 2,547만 명으로 국내선 2,302만 명, 국제선 245만 명이다. 제주국제공항 청사는 비행기의 날렵한 몸체를 상징하듯 유선형으로 설계되었다. 지붕과 입면은 메탈 시트, 알루미늄 커튼월 창호로 마감되었다. 내부 공간은 왼쪽이 국제선, 오른쪽이 국내선 청사로 구분되어 있다.

제주항여객터미널
Jeju Ferry Passenger Terminal

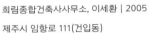

희림종합건축사사무소, 이세환 | 2005
제주시 임항로 111(건입동)

여객터미널이 위치한 장소는 별도봉과 사라봉 인근의 제주항이다. 제주항은 제주국제공항과 함께 관광객에게 관문과도 같은 곳이다. 이 일대는 제주시 원도심에 인접한 도시 공간으로서 공공적 성격이 강하다. 그런 이유로 제주항여객터미널에도 '친수공간(親水空間)'이라는 공공 영역의 성격이 요구된다. 친수공간은 누구나 자유롭게 휴식, 여

가, 관광 등을 즐길 수 있는 물가를 뜻한다. 단순히 관광객이 드나드는 교통 시설이 아닌 것이다. 그렇기에 해안 공원화 계획이 마무리되지 못한 점은 아쉬움으로 남는다. 제주항여객터미널은 전체 외관의 상징성이 돋보인다. 건축물의 배치는 마치 뱃머리를 연상시키듯 삼각형으로 되어 있다. 그 위에 놓인 지붕은 바다 이미지를 형상화한 것이다. 내부 공간 구조는 상당히 단순하다. 삼각형 중앙에 위치한 대합실을 중심으로 승선과 하선의 동선을 분리했다. 건축 당시 여객 시설, 관리 시설 등은 층별로 조닝 분리에 초점을 두고 계획되었다.

도두항요트클럽하우스
Doduhang Yacht Clubhouse

현군출 | 2014

제주시 도두항길 26(도두1동)

최근 해양 레저 스포츠에 대한 관심이 높아지며 윈드서핑을 비롯해 요트를 즐기는 인구가 점차 증가하는 추세다. 요트산업은 제주의 새로운 해양 관광자원으로 주목할 만하다. 도두항 방파제 끝자락에 자리 잡은 도두항요트클럽하우스는, 대한요트협회뿐만 아니라 업계 종사자 사이에서 요트 활동의 거점으로 평가되는 건축물이다. 요트클럽하우스가 위치한 도두항은 일제강점기에 구축된 진지가 남아 있는 역사적 공간이다. 그와 동시에 제주 사람들의 일상적 생활 공간이기도 하다. 제주국제공항에 인접한 시내권 항구라 접근성과 편의성 측면에서 해양 레저 스포츠의 요지로 발전할 가능성이 있다.

총면적 567제곱미터의 요트클럽하우스는 사무 공간으로 활용된다. 형태는 비정형적 삼각형의 분절과 결합으로 구성되어 있다. 제주 현무암의 재질적 특성이 고스란히 녹아 있는 이곳은, 분절을 통한 면(面)의 요소와 결합을 통한 점(點)의 요소를 형성했다. 이는 궁극적으로 면과 면 사이에 틈을 만들어 다면(多面)·다공(多孔)의 성격을 지니는 것이다. 내부 공간 역시 분절과 결합으로 형성된 선(線)적 요소를 활용해 안팎의 공간성을 높였다. 요트클럽하우스는 도두봉(道頭峯) 풍경에 어울리는 오브제(objet)와 같은 건축물로 완성되었다.

제주성내교회

Jeju Seongnae Church

건축가 미상 | 1974

제주시 관덕로2길 5(삼도2동)

1908년 입도한 이기풍 목사는 1910년 지금의 제주성내교회 자리에 있던 제주목관아 소속 출신청(出身廳) 건물을 거점으로 선교 활동을 시작했다. 출신청은 무예를 연마하고 병사 관련 업무를 담당하던 곳이다. 당시 제주에서 유배 중이던 박영효가 출신청을 매입해 희사했다. 그는 1884년(고종 21년) 김옥균, 홍영식 등과 함께 갑신정변(甲申政變)을 일으킨 인물이다. 이 터에서 제주 내 기독교 전파의 토대가 마련되었고, 1974년 현재의 모습으로 근대식 교회가 신축되었다.

개화기 제주에 정착한 선교사는 교회, 학교, 병원 등의 건립을 주도해 지역 근대화에 크게 기여했다. 그뿐 아니라 교회건축은 건축양식의 변화에도 직간접적으로 영향을 주었다. 교인이 늘면서 1941년 동부교회가 동문시장 부근으로 분리 이전되었고, 이 자리에 남겨진 예배당은 서부교회로 명칭을 변경했다. 1953년 한국장로교회가 분열하며

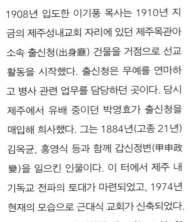

서부교회는 대한예수교장로회와 한국기독교장로회로 나뉜다. 대한예수교장로회 서부교회는 이전되었고, 한국기독교장로회 서부교회가 현재 위치에 남아 오늘날에 이르렀다. 한국기독교장로회 서부교회는 성내교회, 대한예수교장로회 서부교회는 성안교회로 이름을 바꾸었다.

현재의 제주성내교회는 고딕양식을 바탕으로 설계된 석조 건축물이다. 그러나 고딕양식을 그대로 따르기보다 이를 현대적으로 해석하는 방식을 취했다. 특히 정면 파사드(façade)는 고딕풍 첨탑(尖塔)으로 구성되었다. 좌우에 동일한 형태의 틀을 대칭적이고 반복적으로 배치했다. 측면의 창문 모양 역시 상하층을 다르게 디자인해 차별화했다. 이를 통해 제주성내교회는 풍부하고 다양한 입면을 갖게 되었다. 교회 2층 예배당에는 이기풍 목사가 사용했던 강대상(講臺床)이 그대로 놓여 있다.

제주목관아
Jejumok Government Office

건축가 미상 | 조선시대

제주시 관덕로 25(삼도2동)

제주목관아는 제주의 정치·행정·문화의 중심지였다. 관아란 벼슬을 가진 사람들이 행정 업무를 보던 건물을 일컫는다. 조선시대 행정구역은 크게 제주목, 대정현, 정의현으로 구분된다. 한편 현대에 이르러 제주목관아는 지하 주차장 건설 계획으로 훼손 위기에 처하기도 했다. 1991년부터 1998년까지 네 차례에 걸친 발굴 조사를 통해 건축물 터와 유구가 확인되었고, 1999년 본격적으로 복원을 시작해 2003년 현재의 모습으로 개관하게 되었다. 제주목관아의 핵심 시설인 관덕정을 중심으로 북쪽에 제주목사의

동헌(東軒)과 관아가 있었다. 남쪽에는 판관이 정사를 살피던 이아(貳衙)가 있었다. 이 터에는 현재 제주대학교 창업보육센터가 위치하고 있다. 이처럼 제주목관아 주변에는 옛 골목길과 근대건축물의 흔적이 남아 있다. 제주목관아는 1993년 사적 제380호로 지정되었다.

제주향교
Jeju Hyanggyo

건축가 미상 | 1392

제주시 서문로 47(용담1동)

원래 제주향교는 관덕정에서 동쪽으로 400여 미터 떨어진 향교전(鄕校田)에 있었다. 다섯 번의 이건(移建)을 거쳐 1827년(순조 27년)에 현재 위치에 자리 잡았다. 조선시대에는 국가로부터 토지, 책, 노비 등을 지원받아 학생을 가르쳤다. 그러나 1894년 (고종 31년) 갑오개혁이 일어난 뒤에는 학교 기능이 사라졌다. 지금은 봄가을 공자에게 올리는 석전제를 지내고 있다. 제주향교에는 명륜당, 대성전, 계성사(啓聖祠), 전사청(典祀廳) 등이 남아 있다. 명륜당은 유생 교육이 이루어지던 곳으로, 제의적 기능을 담당하는 대성전과 함께 중요한 의미를 지

닌다. 대성전은 5성(五聖)으로 꼽히는 공자, 안자, 증자, 자사, 맹자의 신주를 배향하는 곳이다. 아울러 공자의 제자 10명, 송나라 유학자 6명, 국내 유학자 18명의 위패도 모시고 있다. 대성전과 계성사의 중간에는 공부자동상(孔夫子銅像)이 있다. 이는 국내에 최초로 세워진 공자의 동상이라고 전해진다. 제주향교는 1971년 제주특별자치도 유형문화재 제2호로 지정되었다.

관덕정과 광장
Gwandeokjeong &
The Main Square

건축가 미상 | 조선시대
제주시 관덕로 19(삼도2동)

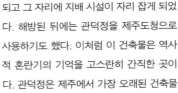

예로부터 제주는 왜구의 침입이 잦아 해안에 방어 시설을 구축했다. 3성 9진 25봉수 38연대가 그것이다. 3성 가운데 제주읍성 제주목관아는 조선시대 제주 행정의 중심지였다. 관덕정은 제주목관아에 위치한 건축물이다. '관덕정'이라는 이름은 『예기(禮記)』의 "활을 쏘는 것은 높고 훌륭한 덕을 쌓는 것이다(射者所以觀盛德也)."에서 유래했다. 관덕정의 현판은 세종의 셋째 아들 안평대군이 썼다고 전해진다. 그러나 화재로 소실되어 지금의 것은 선조 때 영의정을 지낸 이산해가 쓴 글씨다. 관덕정 안쪽에는 제주목사 김영수가 쓴 '탐라형승(耽羅形勝)'이라는 편액(扁額)도 있다. 이 말은 '탐라에서 가장 지세가 뛰어난 곳'을 의미한다. 1882년(고종 19년) 제주목사 박선양이 쓴 '호남제일정(湖南第一亭)'이라는 글씨도 걸려 있다. 한편 일제강점기에는 관아가 훼손

되고 그 자리에 지배 시설이 자리 잡게 되었다. 해방된 뒤에는 관덕정을 제주도청으로 사용하기도 했다. 이처럼 이 건축물은 역사적 혼란기의 기억을 고스란히 간직한 곳이다. 관덕정은 제주에서 가장 오래된 건축물로서 그 가치를 인정받아 1963년 보물 제322호로 지정되었다.

고대 그리스의 아고라와 유사하게 개방적 공공 장소로 이용된 관덕정 광장도 눈여겨보아야 한다. 군사 훈련 장소로 사용되었으나, 평소에는 백성을 위한 공간으로 쓰였다. 시장이 들어서거나 각종 행사들이 거행되었다. 일제강점기에는 지배 공간으로 기능했다. 관덕정 광장은 이재수의 난, 4·3사건 등 제주 역사의 커다란 변화를 함께했다. 초대 대통령 이승만이 제주에 방문했을 때는 연설 장소로 활용되기도 했다. 관덕정이 위치한 제주목관아는 한때 지하 주차장 건설 논의가 이루어지며 위기를 맞기도 했다. 하지만 현재는 복원되어 관덕정과 함께 제주의 대표적 역사·문화 공간으로 자리매김하고 있다. 과거에 융성했던 관덕정 광장의 기능을 회복하기 위해 도시 재생 차원에서 복원 사업도 추진 중이다.

관음사

Gwaneumsa

건축가 미상 | 1908

제주시 산록북로 660(아라1동)

제주 불교의 중심 사찰인 관음사는 대한불교조계종 제23교구 본사다. 1908년 창건되었으며, 초기에는 법당과 요사를 갖춘 초가 형식의 사찰이었다. 1939년 큰 화재가 발생했고, 1948년 4·3사건을 겪으며 모든 전각이 불타 없어져 폐사되었다. 제주 사회가 점차 안정화되었던 1969년 대웅전(大雄殿)을 시작으로 영산전(靈山殿), 해월각(海月閣), 일주문(一柱門), 사천왕문(四天王門) 등이 복원되었다. 그와 더불어 불당, 법당, 승당의 정비를 마무리하며 비로소 사찰로서 모습을 갖추게 되었다. 제주의 아픈 역사를 간직한 관음사는 제주 불교 역사의 흐름과 단면을 잘 보여주는 사찰이다.

　기본적으로 국내 사찰은 수미산(須彌山)의 세계를 모방한다. 수미산은 고대 인도의 불교적 우주관에서 비롯된 것으로, 세계의 중앙에 위치한 상상의 산을 뜻한다. 원통형의 풍륜(風輪), 수륜(水輪), 금륜(金輪)이 차례로 산을 떠받친 형상이다. 금륜 위에는 수미산을 포함한 구산팔해(九山八海)가 펼쳐진다. 수미산은 '향수 바다'와 '금산'으로 둘러싸여 있다. 대다수의 절 앞에 하천이 흐르는 것도 이러한 이유에서다. 여기서 하천은 수미산을 둘러싼 향수로 채워진 바다를 의미한다. 그러나 관음사의 경우 지형적 특성상 사찰 앞으로 하천이 지나가지는 않는다. 이를 대신해 문(門)의 형식을 취하고 있다. 문은 불교건축에서 중요하게 고려해야 할 요소다. 내부와 외부, 속계(俗界)와 진계(眞界)를 잇는 공간이기 때문이다. 사원의 문은 크게 일주문, 해탈문(解脫門), 사천왕문, 불이문(不二門) 등으로 구분된다. 사천왕문은 수미산 중간 지점의 문을 뜻하며, 불이문은 사찰로 들어가는 최종 관문의 역할을 한다. 관음사는 일주문에서 사천왕문까지 이르는 진입 공간의 좌우에 석불 108좌가 놓여 있다. 사천왕문에서 경내로 향하는 공간에도 석불 70좌가 설치되어 있다. 이는 방문객이 경건한 분위기를 경험하며 진입할 수 있도록 배치된 것이다.

삼성혈

Samseonghyeol

건축가 미상 | 건축연도 미상

제주시 삼성로 22(이도1동)

제주의 옛 이름은 탐라국이다. 삼성신화에 따르면 고대 탐라국은 고 씨, 양 씨, 부 씨를 시조로 국가가 형성되었다. 제주의 개벽 시조인 3명의 신인(神人) 고을나(高乙那), 양을나(良乙那), 부을나(夫乙那)가 땅에서 솟아났는데, 그 장소가 바로 삼성혈이다. 1526년(중종 21년) 제주목사 이수동은 이곳을 중요하게 생각해 주변에 돌 울타리를 쌓고 북쪽에는 홍문과 비석을 세워 단장했다. 삼성혈 입구의 건시문(乾始門)을 통해 안으로 들어가면 울창한 숲이 나타난다. 곰솔과 팽나무가 빼곡한 숲에서는 엄숙한 기운이 느껴진다. 더 안쪽에는 잔디밭이 펼쳐져 있다. 이곳에서 3개의 혈(구멍)이 발견되었다. 3개의 혈은 삼각형을 그리듯 '품(品)' 자로 배치되어 있으며, 그 주위는 제주석으로 둥글게 둘러쌌다. 제주석 울타리 옆에는 혈단비(穴壇碑)를 설치했다. 앞쪽에는 신인들의 위패를 모신 삼성전(三聖殿)이 있다.

땅의 구멍에서 솟아난 고을나, 양을나, 부을나는 벽랑국(碧浪國)의 공주 3명과 각각 혼인한 것으로 전해진다. 3명의 신인은 공주들이 가져온 오곡 종자와 가축을 기르며 농경 생활을 시작했다. 즉 삼성혈에서 비롯된 삼성신화는 사냥 중심의 이동 생활에서 농경 중심의 정착 생활로 전환했음을 의미한다. 또한 과거 탐라국이 어떤 나라였는지 엿볼 수 있는 단서로 작용한다.

그 뒤에 신인들은 활을 쏘아 각자 정착지를 결정한다. 제주시의 행정구역인 일도(一徒), 이도(二徒), 삼도(三徒)의 지명도 여기에서 유래한 것이다. 제주시 화북동의 삼사석(三射石)에서 그 흔적을 찾아볼 수 있다. 삼사석은 '신인들의 화살이 박힌 돌'을 뜻한다. 벽랑국의 공주들과 혼례를 올린 곳은 성산읍 온평리에 위치한 혼인지(婚姻池)로 알려져 있다. 옛 문헌에 따르면 삼성혈은 제주읍성과 칠성대와도 깊은 관련이 있다.

산지등대

Sanji Lighthouse

건축가 미상 | 1916

제주시 사라봉동길 108-1(건입동)

산지등대는 제주의 관문인 사라봉에 있다. 사라등대라 칭하지 않고 산지등대라 부르는 까닭은, 사라봉 인근에 바다로 향하는 산지천이 흐르기 때문일 것이다. 산지천에서 배를 타고 진입이 가능했던 산지포구는 교역

이 활발했던 제주의 대표적 포구다. 한편 산지천 주변에는 현재 제주지방기상청이 자리한 높은 지대도 있다. 그러나 내륙 안쪽에 위치한 데다 제주읍성을 한눈에 내려다볼 수 있는 주요 방어 공간이었기 때문에 등대를 세우기에는 적당하지 않았다. 반면 사라봉은 산지천에 인접하면서도 비교적 높은 지형적 조건을 지녀서 등대의 기능을 수행하기에 적절한 장소였다. 일제강점기 산지등대는 산지포구의 확장 등을 장기적 계획으로 염두에 두고 발 빠르게 건설되었으리라 추정된다. 1916년 10월에 점등된 산지등대는 1906년 3월에 건축된 우도등대보다 10년가량 늦게 지어졌다. 우도등대의 크기와 형태를 닮은 점이 흥미롭다. 바로 옆에는 등대 관리와 사무를 위해 새롭게 건축된 신등대가 있다. 옛 등대의 출입구 디테일, 상부에 불을 밝히는 등롱 디자인을 인용해 과거와 현재의 조화를 이루었다.

용천수

제주는 장축 74킬로미터, 단축 32킬로미터인 타원형의 섬이다. 동서남북이 각기 다른 지형 특성을 갖고 있어 독특한 수계(水系)를 형성한다. 동서 사면(斜面)은 완만한 경사로 수계가 발달되어 있지 않으나, 남북 사면은 급한 경사로 수계가 발달되어 있다. 제주는 지질학적으로 투수성이 좋은 화산암반지대다. 하천의 대부분은 건천이라 평소에는 물이 흐르지 않는다.

한편 중산간은 표고 200-600미터 지역을 의미한다. 정확하게 이야기하면 제주 자연의 중심인 한라산과 제주 사람들의 거주공간인 해안 마을 사이에 위치한 지역이다.

중산간은 원나라의 지배를 받았던 고려시대에 목장지대로 개발되어 말을 사육한 곳이었다. 지금은 제주의 생명 자원이라 할 수 있는 지하수를 보호하고 자연경관을 유지하는 핵심 지역으로 관리된다.

제주의 마을은 표고 200미터 이하 지역인 해안가에 주로 형성되어 있다. 그 이유는 식수(食水) 공급이 원활하기 때문이다. 투수된 물은 지하를 거쳐 중력의 압력으로 해안가에서 집중적으로 용출된다. 이를 용천수라 한다. 특히 제주는 타원형의 해안선을 따라 용천수가 분포하고 있다. 용암과 화산쇄설물이 쌓인 제주의 독특한 지질구조 때문이다. 1999년 집계한 결과 제주 전체의 용천수는 911개소인 것으로 파악된다. 중산간지역은 해안지역에 비해 상대적으로 물

이 귀했다. 이 지역 사람들은 용천수 대신 지붕 처마를 통해 흘러내리는 빗물을 받아 식수로 사용했다. 이를 '지신물' 혹은 '지샛물'이라 칭한다. 나무줄기 둘레에 띠를 묶고 그 줄을 항아리에 내려 물을 받기도 했다. 항아리에 받은 물을 '춤 받은 물'이라 하고, 항아리를 '춤통'이라 불렀다. 고인 빗물은 주로 소와 말을 기르는 데 사용했는데, 이를 봉천수(奉天水)라 부른다.

제주의 용천수는 지역에 따라 솟아나는 양이 다르지만 그리 넉넉하게 용출되지 않는다. 그렇기 때문에 제주 사람들은 예로부터 물을 신중하게 사용했다. 용출이 시작되는 지점의 물은 식수로 썼고, 중간 지점의 물은 취사용이었다. 또한 바다로 흘러가는 지점의 물은 빨래를 하거나 허드렛일에 활

용하는 것이 규칙이었다. 해안가의 용천수 주변에는 돌담을 쌓아 외부와 경계를 지었다. 용천수는 대부분 2개소로 나뉘어 있다. 필요에 따라서는 노천 목욕탕으로 사용되기도 했다. 남성용과 여성용으로 구분되어 있기 때문이다. 돌담으로 경계를 짓는 까닭은 수원(水原)을 보호하기 위해서다. 그뿐 아니라 바람막이, 사생활 보호 등 사용자의 입장을 고려한 것이기도 하다. 용천수의 경계인 돌담은 타원형, 원형, 사각형 등 여러 가지 형태로 축조된다. 이는 마을의 미학적 요소이자 생활·문화자원이다. 그러나 해안가를 따라 도로가 개설되고 각종 건축물이 들어서면서 용천수도 점차 사라지는 추세다. 용천수의 보존이나 활용에 대해 지속적 관심과 고민이 필요한 시점이다.

제주시 서부지역

JEJU-SI
WEST AREA

시간은 흐르지 않고
땅속에 켜켜이 쌓인다

애월읍, 한림읍, 한경면을 하나의 권역으로 묶어 제주시 서부지역이라
일컫는다. 이 지역은 매서운 겨울철 북서풍을 고스란히 견뎌야 하는
곳이다. 그런 까닭에 한경면 수월봉에는 기상관측소가 설치되어 있다.
또한 아주 먼 옛날 이 일대에 정착해 살았던 인류의 흔적이 남아
있는 곳이기도 하다. 한경면에 위치한 제주고산리유적은 동북아시아
신석기시대의 문화 연구 자료로서 중요한 의미를 갖는다. 한편 제주시
서부지역은 밭담, 해안 도로, 중산간 마을의 풍경이 어우러져 빼어난
경관을 자랑한다. 특히 제주 밭담이 아름다운 곳으로 동쪽에는 구좌읍
하도리, 서쪽에는 애월읍 상가리와 하가리를 들 수 있다. 새별오름,
녹고메오름(노꼬메오름), 바리메오름 등 다양한 매력의 오름도
곳곳에 자리하고 있다. 이러한 오름군 덕분에 제주시 서부지역의
사계절은 더욱 아름답다. 그중에서도 새별오름은 제주들불축제가
열리는 시기에 방문하기를 권한다. 원래 매년 대보름날 전후에
개최되었으나 2013년부터 경칩(驚蟄)이 속하는 주로 일정을
바꾸었다. 붉은 들불로 가득 채워진 새별오름의 모습은 장관이다.
제주시 서부지역에는 오름 외에도 제주 자연의 상징적 공간인
곶자왈이 자리하고 있다. 신비로운 제주의 숲인 한경-안덕 곶자왈,
애월 곶자왈이 길게 분포해 있다.

제주고산리유적
Jeju Gosan-ri Prehistoric Site

건축가 미상 | 신석기시대
제주시 한경면 고산리 3628

제주고산리유적은 한반도 구석기와 신석기를 잇는 중요한 선사시대 유적이다. 기원전 1만여 년 전에 생성된 것으로 추정한다. 1998년 사적 제412호로 지정되었으며, 2011년 제주고산리선사유적에서 제주고산리유적으로 명칭을 변경했다. 여러 차례의 발굴 조사를 통해 당시의 원형 움집터, 수혈유구(竪穴遺構, 구덩이 설치 흔적), 야외 노지, 구상유구(溝狀遺構, 고랑 모양의 터) 등이 발견되었다. 그뿐 아니라 신석기시대 초창기의 고산리식 토기, 융기문(隆起文) 토기, 민무늬 토기 등이 출토되었다. 이는 인류의 정주 취락 형태를 파악할 수 있는 귀중한 유적이다. 특히 구석기시대 뗀석기 재료인 석재는 오래전 제주에서 쉽게 채취할 수 있는 재료가 아니었다. 이를 통해 당시 한반도와 제주지역 사이에 지속적 교류가 이루어졌음을 짐작할 수 있다.

현재 제주고산리유적 주변에는 일제강점기에 구축된 군사 시설인 자살 공격용 특공 기지와 갱도진지 등이 있다. 인근에는 유네스코 세계지질공원에 등재된 수월봉 화산쇄설층이 있다. 이곳은 2009년 천연기념물 제513호로 지정되었다. 이처럼 제주고산리유적 일대는 유구한 문화와 격동의 역사가 땅속에 응축된 장소다.

191

애월연대

Aewol Yeondae

건축가 미상 | 조선시대

제주시 애월읍 애월리 1975

애월연대(涯月煙臺)는 제주의 연대 가운데 원형이 가장 잘 보존되어 있다. 애월초등학교에서 600미터가량 떨어진 '연대왓'이

라 불리는 언덕에 위치하고 있다. 해안에서 450미터쯤 떨어진 돌출된 장소에 지어져 다른 연대와 달리 먼 곳까지 관측이 가능하다. 경사진 지형에 자리한 애월연대는 높이 1.2미터의 석축을 쌓고, 그 위에 하부 9.3×9.4미터, 상부 8.3×8.2미터, 높이 4.8미터의 사다리꼴 형태를 축조했다.

애월연대는 애월진(涯月鎭)에 소속된 연대이며 별장 6명, 봉군 12명이 6교대로 관리했다고 전해진다. 현재는 해안가에 숙박시설이 건축된 탓에 애월연대의 모습이 가려졌다. 그 때문에 연대로서 기능과 가치를 느낄 수 없게 되어 안타깝다.

문형행가옥
Moon Hyeonghaeng House

건축가 미상 | 조선시대

제주시 애월읍 하가로 141-23(하가리)

문형행가옥은 1978년 제주특별자치도 민속문화재 제3-8호로 지정된 초가다. 안거리 3칸, 밖거리 2칸, 헛간 1칸과 'S'자형 올레로 구성되어 있다. 안거리는 북동향으로 자리 잡았고, 밖거리는 안거리의 맞은편에 배치되어 있다. 그 옆에는 쇠막이 설치되었다. 'S'자형 올레를 따라 진입하면 이문간과 같은 출입문 없이 우영과 쇠막을 옆에 끼고 마당으로 이어진다. 가옥 주변에는 두터운 겹담(접담) 형태로 담장을 쌓았으며, 담장의 높이는 1.3미터 정도로 낮은 편이다. 또한 정지 입구에 물팡(물을 길어 나르는 항아리를 올려놓는 곳)을 두는 보통의 제주 초가와 달리, 정지와 굴묵 입구에 각각 물팡을 설치한 점이 특이하다.

애월체육관
Aewol Gymnasium

김석윤 | 1994

제주시 애월읍 일주서로 6349(고내리)

애월체육관은 1994년 완공된 복합 문화·체육 공간이다. 해안에서 조금 떨어진 곳에 위치해 있으며, 교통량이 많은 도로변에 건립되었다. 이러한 특성은 건축 계획상의 제한적 요소라기보다 긍정적 요소로 작용되었다. 도로에서 경관을 조망할 경우 해안 방향의 시야를 막지 않기 위해 건축물 배치 단계에서부터 개방성을 확보했다. 또한 제주의 경관 요소인 숲과 돌의 형태를 최대한 변화시키지 않고 도입했다. 체육관은 기능적 특성상 지붕과 입면의 형태가 단순해지기 쉽다. 하지만 애월체육관은 지형의 높낮이 차이를 이용해 관중석으로 직접 출입하도록 설계했다. 아울러 건축물에 접근했을 때 시각적으로 규모가 작아 보이도록 건립되었다. 입면은 제주의 돌과 화산석송이를 마감재로 사용한 것이 특징이다.

한림성당 종탑
Bell Tower of
Hallim Catholic Church

패트릭 제임스 맥글린치 | 1954
제주시 한림읍 한수풀로 20(한림리)

한림성당 모퉁이에는 제주 현무암으로 조성된 종탑이 있다. 그 뒤쪽으로는 고딕 양식에서 영향을 받은 현대식 성당이 자리한다. 한림성당의 역사는 1903년으로 거슬러 올라간다. 프랑스 출신 마르셀 라크루(Marcal Lacrouts) 신부에 의해 공소(公所) 형식으로 지어져 운영되다가 1951년 새롭게 건립

모노가든과 심바카레
Mono Garden & Simba Curry

김정임 | 2017
제주시 애월읍 금성5길 44-16(금성리)

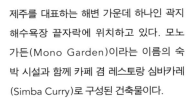

제주를 대표하는 해변 가운데 하나인 곽지 해수욕장 끝자락에 위치하고 있다. 모노가든(Mono Garden)이라는 이름의 숙박 시설과 함께 카페 겸 레스토랑 심바카레(Simba Curry)로 구성된 건축물이다.

모노가든과 심바카레의 설계적 특성은 '땅과 풍경이 지배한 건축'이라 설명할 수 있다. 비정형의 땅 위에 독립적 성격을 갖는 건축물 3채가 군집(群集)을 이루었다. 이는 대지의 생김새에 따라 자연스럽게 배치되기도 하고, 때로는 다소 어긋나게 놓여 공간 변화를 발생시킨다.

각 건축물의 모양에서도 개성적 아름다움이 느껴진다. 4개 객실로 구성된 모던한 디자인이 돋보이는 펜션, 주인을 위해 마련된 주요 생활 공간, 시선을 사로잡는 카페 겸 레스토랑은 저마다 독립된 형태를 취한다. 그와 동시에 다양한 표정의 외부 공간을 통해 개별 출입구로 연결된다. 수직적 공간의 연결성도 마찬가지다. 낮은 벽체, 열린 개구부, 넓은 데크 등의 장치는 제주 전통건축의 외부 공간 구성과도 그 맥을 같이한다.

공교롭게도 이 건축물은 각 동의 층별 규모만으로 살펴본다면 초가의 규모에 가깝다. 물론 2층으로 지어졌기 때문에 건축물의 스케일이 초가보다 크게 느껴지기도 한다. 그러나 그 규모에 비해 시각적으로 그다지 저항감이 들지 않아 오히려 친근감을 자아낸다. 또한 건축물 외관은 일반적 타일 형식 벽돌이 아닌 조금 더 가늘고 긴 형태의 고벽돌을 사용했다. 이와 같은 재료의 선택이 전반적으로 차분한 분위기를 완성했다. 소재만으로 공간적 깊이를 갖게 만든 점은 높이 평가할 만하다.

되었고 1954년 본당으로 승격했다. 현재의 형태로 모양새를 갖춘 것은, 아일랜드 출신 패트릭 제임스 맥글린치(Patrick James McGlinchey) 신부가 1954년 부임해 대지를 확보하면서부터다.

그는 성이시돌목장을 중심으로 종교 전파에 힘썼다. 아울러 목장지 개척 과정에서 축사 및 주택 건축에 테시폰(ctesiphon) 양식을 보급했다. 선교 목적으로 테시폰 양식의 공소를 짓고, 현무암을 사용해 성당 면모를 갖춘 공간도 건축했다. 테시폰 양식의 금능공소는 철거되어 흔적을 찾아보기 어렵다. 석조 고딕 양식 건축물인 옛 한림성당의 흔적으로는 종탑만이 남아 있다. 도로 개설로 본당은 철거되었다. 한림성당 종탑은 몸체가 3개 면으로 구분된다. 안쪽 들여쌓기 방식으로 축조해 시각적 안정감과 함께 하늘로 상승하는 듯한 느낌을 준다. 종탑 정면의 입면은 각각 다른 창으로 마감되었고, 상부에 위치한 고딕 양식의 지붕과 십자가 모양이 소박하고도 화려하다. 종탑 뒤쪽에 세워진 현재의 한림성당은 2001년 건축되었다. 오래된 종탑과 현대식 성당은 다른 재료를 사용해 지어졌으며, 각 건축물의 형태적 미학도 다르다. 이러한 차이가 오히려 한림성당의 오랜 역사를 대비적으로 보여준다.

부티크풀빌라루온토
Boutique Pool Villa Luonto

김승욱 | 2012

제주시 한경면 판포4길 41-41(판포리)

부티크풀빌라루온토는 제주의 바다가 보이는 곳에 위치한 숙박 시설이다. '부티크'라는 이름처럼 6개 객실로 구성된 그리 크지 않은 규모의 건축물이다. 불필요한 서비스 제공을 과감하게 생략하고 독특한 디자인의 외관과 개성 넘치는 인테리어를 전면에 내세웠다. '루온토(luonto)'는 핀란드어로 '자연'을 뜻한다. 이처럼 부티크풀빌라루온토는 제주의 자연이 담긴 휴식 공간을 지향하며, 건축적으로 미니멀리즘(minimalism)과 자연주의의 가치를 추구한다.

외관은 강렬한 흰색으로 처리했다. 특히 선(線)과 면(面)이 만든 구조적 단순함이 아

름답다. 직육면체를 수평·수직으로 결합한 외관은 심플해서 오히려 강렬하게 느껴진다. 알루미늄 그릴(aluminium grille)을 수직적 요소로 사용함으로써 햇빛의 변화에 따라 건축물의 인상이 달라지도록 설계했다. 벽면에 드리워진 그림자가 강한 이미지와 부드러운 느낌을 조화롭게 연출한다. 한편 제주의 푸른 바다를 더욱 아름답게 만드는 것은 '바람'이다. 바람은 바다의 표면을 움직이고 파도를 일으켜 다양한 표정을 만든다. 알루미늄 그릴의 수직적 요소와 외관의 강렬한 흰색은, 각각 바다의 물결과 파도의 물보라를 연상시킨다.

직육면체의 결합으로 생긴 공간은 가로와 세로의 방향에 따라 지향하는 내용이 전혀 달라진다. 이는 동서남북으로 결합된 안과 밖의 공간을 열어주기도 하고 닫아주기도 하는 구조체다. 남북으로 향한 면들은 한라산과 바다의 풍경을 의식할 수밖에 없다. 하지만 동서 방향의 면들은 독립적으로 사용할 수 있는 내부 수영장을 설치한 것이 특징이다. 부티크풀빌라루온토는 미니멀한 공간과 자연주의 환경을 만끽할 수 있는 복층 형식으로 구성되었다. 각각의 객실은 개성 넘치는 인테리어로 꾸며져 있으며, 특히 실내에 설치한 나선계단(螺旋階段)은 세련된 디자인이 돋보인다.

제주현대미술관
Jeju Museum of
Contemporary Art

김석윤 | 2007
제주시 한경면 저지14길 35(저지리)

제주 건축을 가장 제주답게 만드는 원칙은 다음과 같다. 제주 특유의 지형에 대한 이해와 존중이 필요하고, 공간은 다양한 기능을 가진 비움의 의미와 연결되며, 제주의 원풍경을 지배하지 않는 적절한 스케일에 대해 논의가 시작되어야 한다. 이러한 세 가지 원칙을 바탕으로 적절하고 소박하게 지어진 건축물이 제주현대미술관이다.

　제주현대미술관은 지형에 맞춰 분절된 여러 개의 작은 매스가 다른 축으로 배치되었다. 이를 기반으로 외부 공간을 구성하며, 분절된 매스는 건축물 안팎에 다양한 공간을 만든다. 열림과 닫힘의 반복을 통해 내부 공간에도 변화가 생긴다. 외부 풍경을 내부에 담으려는 의도 역시 건축물 곳곳에서 감

지된다. 특히 형태적 측면에서 제주현대미술관은 주변 환경에 순응하도록 처리되었다. 추상성을 강조하면서도 미술관 설계에서 요구되는 절제미를 갖기 위해 60×100×1,000밀리미터로 재단한 제주석을 사용했다. 오픈 조인트(open joint) 방식으로 구축된 외벽은 단아함과 강렬함을 동시에 지녔으며, 벽의 작은 구멍은 제주 돌담의 거친 표면을 상징한다. 아울러 외장재로 사용한 제주석은 시시각각 변하는 제주 날씨처럼 외부 환경에 따라 스스로 다채로운 표정을 만들어간다. 제주석은 외부 환경에 자연스럽게 동화되는 물성을 가지고 있다. 건축가 김석윤은 이러한 재료의 특성을 깊이 간파해 외장재를 적절하게 사용했다.

　형태적 관점을 중심으로 지어진 기존의 제주 건축물과 달리, 제주현대미술관은 공간과 재료의 물성에 대한 이해를 바탕으로 지역성과 향토성을 표현하는 실험이 이루어졌다. 이러한 시도와 노력이야말로 이 공간을 건축적으로 높게 평가하는 점이다.

제주도립김창열미술관
Kim Tschang-Yeul Art Museum Jeju
아키플랜 | 2016

제주시 한림읍 용금로 883-5(월림리)

한국을 대표하는 현대미술가 김창열은 '물 방울 화가'로 알려져 있다. 주요 작품으로는

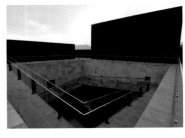

1972년 발표한 〈이벤트 오브 나이트(Event of Night)〉, 1978년 선보인 〈워터 드롭스 (Water Drops)〉, 1989년 작업한 〈리큐어 런스(Recurrence)〉 등이 있다. 김창열의 예술적 업적과 정신을 기리기 위해 설립된 제주도립김창열미술관은, 그의 작품 기증을 계기로 개관하게 되었다. 이곳에서는 김창 열의 작품은 물론이고 다양한 현대미술 전 시를 감상할 수 있다.

지상 1층 규모의 제주도립김창열미술관 은 현상설계 공모를 통해 선정되었다. 김 창열의 물방울 작품을 디자인 모티프로 삼 은 것이 특징이다. 건축물 중앙에 빛의 중정 을 두고 이를 둘러싸듯 각각의 방을 배치했 다. 건축물 내부는 전시실을 비롯해 세미나 실, 교육실, 아트숍, 야외 공연장 등 다양한 용도의 공간으로 구성되었다.

앤트러사이트 제주한림

Anthracite Jeju Hallim

건축가 미상 | 1951

제주시 한림읍 한림로 564(동명리)

일제강점기에 한림항은 제주시 건입동의 산지항, 서귀포시 대정읍의 모슬포항과 함께 제주의 대표적 항구였다. 이곳을 통해 수많은 물자를 약탈당했고, 이곳에서 다양한 사람들의 교류가 이루어졌다. 한림항은 그중에서도 비교적 큰 규모의 항구였다. 주변에는 군사 시설뿐만 아니라 일본인이 경영하던 군수품 공장도 있었다. 또한 그들이 거주하던 일본식 주택, 항구에 드나드는 사람들을 위한 여관 등이 지어졌다.

앤트러사이트 제주한림은 오랫동안 방치된 전분 공장을 개조한 카페다. 감자를 주재료로 사용한 전분 공장이었는데, 공간 구조를 살펴보면 당시 작업 방식을 짐작할 수 있다. 외부에서 감자를 씻어 껍질을 벗긴 후 내부에서 가루로 만들었을 것이다. 이러한 일련의 과정은 수작업과 기계 작업으로 이루어졌다. 앤트러사이트 제주한림은 일제강점기 전분 공장의 흔적을 고스란히 간직한 채 현대적 카페 공간으로 디자인되었다. 건축물의 외관과 외부 공간은 방치된 모습 그대로 기본 골격을 유지하고 있다. 카페 내부에는 공장 가동에 사용했던 전력 공급기, 동력 전달 장치 등을 그대로 두어 옛 기억을 불러일으킨다. 감자를 가공했던 작업장은 전시 공간으로 바뀌었고, 일부는 손님들이 커피를 즐기는 장소로 탈바꿈했다. 특이한 점은 카페 바닥이 아주 거친 상태로 마감되었다는 사실이다. 이는 과거 전분 공장 노동자의 힘들고 고단한 작업 환경을 연상시킨다. 이처럼 오래된 기억을 상기시키듯 지붕의 목조 트러스는 커피 향과 묘한 조화를 이룬다. 앤트러사이트 제주한림은 비록 상업 시설이지만, 과거의 자취를 담은 전시 공간이자 휴식 공간이며 판매 공간으로 기능한다. 이곳은 제주 건축의 새로운 트렌드를 보여주는 공간임에 틀림없다.

녹고뫼안트레안내센터

**Nokgomoe Antre
Information Center**

임성추 | 2012

제주시 애월읍 녹고메길 165(유수암리)

녹고뫼안트레안내센터는 노꼬메오름(녹고뫼오름) 인근에 위치한 안내 시설이며, '안트레'는 안쪽을 뜻하는 제주어다. 2013년 소길리, 장전리, 유수암리를 묶는 녹고뫼 권역의 농촌마을종합개발사업 일환으로 본격적 건립이 추진되었다.

　내부 공간은 전시실, 휴게 공간, 식당 등으로 구성되어 있다. 외관은 사각형과 타원형의 건축물에 원형 경사로를 더해 기하학

적 요소들을 강조했다. 원형 경사로는 수공간인 중정을 형성하며, 그와 동시에 1층을 구성하는 사각형과 타원형의 공간을 하나로 묶어준다. 또한 주 출입구와 경사로의 기능을 수행하면서 옥상 전망대로 동선을 유도하는 진입로의 역할까지 담당한다. 이는 녹고뫼안트레안내센터의 가장 핵심적 공간이라 할 수 있다. 전망대가 위치한 옥상까지의 거리는 비교적 짧은 편이다. 하지만 출입문, 수공간 등 건축적 장치를 배치해 공간의 위계성을 확보했다. 원형 경사로에 따른 높이와 위치 변화를 통해 시각적 연속성도 부여하고 있다. 전망대에 오르면 녹고뫼안트레안내센터 주변으로 하늘과 오름과 바다가 어우러진 독특한 전망이 펼쳐진다.

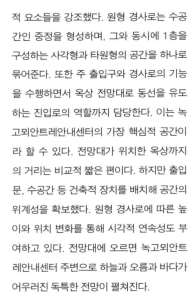

성이시돌목장 테시폰

Ctesiphon at Isidore Farm

패트릭 제임스 맥글린치 | 1961
제주시 한림읍 금악동길 35(금악리)

테시폰은 이라크 바그다드(Baghdad) 근처 고대국가였던 테시폰왕국의 건축양식 혹은 그 시스템을 의미하며 거대한 아치 구조가 특징이다. 호주에서 태어난 아일랜드 출신 건축기술자 제임스 월러(James Waller)에 의해 완성도 높은 구조로 발전했다. 이 양식을 적용한 건축물을 테시폰이라 부른다. 그러나 테시폰이라는 이름보다 '이시돌식 주택'으로 통일하는 것이 바람직하리라 생각된다. 테시폰 양식은 성이시돌목장을 중심으로 국내에 보급되었기 때문이다. 성이시돌목장 테시폰은 1961년 아일랜드에서 온 패트릭 제임스 맥글린치 신부에 의해 건축되었다. 이시돌식 주택은 1963년 대한주택공사에서 추진했던 시험주택의 하나였다. 당시에는 시멘트, 철근 등 건축 자재가 부족했다. 이시돌식 주택은 그런 상황에서 가장 짧은 기간에 가장 간단한 재료와 기술로 건축할 수 있는 최적의 방식이었다.

테시폰은 시공 방식이 그리 복잡하지 않다. 가새(brace)를 세우고 가마니를 거푸집으로 사용한다. 철근을 쓰지 않으며 시멘트와 자갈을 배합한 콘크리트를 타설해 기본 구조체를 만든다. 그 위를 시멘트 모르타르로 간결하게 마감하면 된다. 현재 제주에는 성이시돌목장을 중심으로 축사, 주택 등으로 사용했던 테시폰이 남아 있다. 특히 성이시돌목장 테시폰은 독특한 아치 형태와 주변 풍경이 어우러져 더욱 이국적이다.

항파두리항몽유적지

Hangpaduri Hangmong Historical Site

건축가 미상 | 1273

제주시 애월읍 항파두리로 50(상귀리)

고려시대 원종 집권 당시 실질적 지배 세력은 최 씨 무신정권이었다. 13세기 말엽 원나라(몽골)가 침입하자 1232년 무신정권은 수도를 강화도로 옮겨 저항했다. 하지만 결국 무신정권이 무너지고 고려는 원나라에 항복하게 된다. 원종이 원나라와의 강화(講和), 삼별초 해체, 개경(開京) 환도 정책 등

을 추진하자 무신정권의 사병 집단 삼별초가 반기를 든다. 삼별초는 1270년 6월 강화도에서 대몽항쟁을 일으켰고, 진도로 남하해 1271년까지 항전을 벌였다. 1271년 여몽(麗蒙)연합군의 공격으로 패하게 되는데, 삼별초의 잔존 세력은 김통정을 중심으로 제주지역에서 항전을 이어 나간다. 그러나 1273년 1만 3,000명의 여몽연합군이 제주에 상륙해 삼별초를 진압했다. 이로써 2년 반에 걸친 대몽항쟁은 막을 내린다.

항파두리는 소왕천(昭王川)과 고성천(古城川) 사이에 위치한다. 지형이 완만하면서도 바다 방향으로는 경사진 형태라 최적의 방어 공간이다. 삼별초의 방어 공간은 강화도성과 같이 3중으로 구성되었다. 즉 항파두리성은 크게 외성(外城), 중성(中城), 내성(內城)으로 이루어져 있다. 외성은 제주 해안을 따라 축성된 환해장성(環海長城)이 해당된다. 따라서 중성이 '항파두리성'이라 불리는 실질적 성의 외곽이며, 내성에는 주요 지휘부 관련 건축물이 존재했을 것이라 추정된다. 그동안 중성과 내성에 대한 발굴 조사가 여러 차례 진행되어 건물지, 출입문 터 등의 위치를 파악했다.

명월진성
Myeongwoljinseong
건축가 미상 | 조선시대

제주시 한림읍 동명리 2188-3

명월진(明月鎭)은 3성 9진 25봉수 38연대의 방어 시설 가운데 9진에 해당하는 유적이다. 제주시 한림읍 명월리와 동명리 일대에 남아 있다. 명월진에서 멀지 않은 곳에는 비양도가 있다. 조선시대에는 왜구들이 비양도에 근거를 두고 제주 해안지역을 약탈하는 일이 잦았다. 그러므로 당시 이곳은 중요한 방어 시설이었다. 처음에는 목책(木柵)으로 지었으나 훗날 석성(石城)으로 개축했다고 전해진다. 명월성지(明月城址)는 1976년 제주특별자치도 기념물 제29호로 지정되었다.

성곽 형태는 타원형으로 동문, 서문, 남문이 있다. 조선시대 제주의 자연, 역사, 풍속 등이 기록된 『이형상수고본-탐라순력도』의 〈명월조점(明月操點)〉〈명월시사(明月試射)〉에는 당시 명월진성의 공간 구성이 묘사되어 있다. 다른 진성과 비교해 모든 성문을 기와지붕으로 처리한 것이 특징이다. 남문에 들어서면 북성 가까이에 수공간을 두고 객사가 보인다. 왼쪽에는 사령방(使令房) 또는 진졸청(鎭卒廳)으로 보이는 건물이 위치해 있다. 건물과 건물 사이는 담장으로 구획되었다. 명월진성의 기본 배치 형식은 별방진성과 유사하다. 수공간이 객사 오른쪽에 자리한 것은 다르며, 현재 1,300미터 정도 흔적이 남아 있다. 한편 삼별초가 고려군을 제압한 장소인 명월포(明月浦) 역시 명월진성 가까이에 있다.

방사탑

방사탑(防邪塔)은 마을의 허(虛)한 공간으로 나쁜 기운이 들어오는 것을 막기 위해 쌓은 탑이다. 제주에서 돌은 흔하디흔한 것이자 농사에 방해가 되기도 하지만, 마을의 안녕을 기원하는 믿음으로 쌓아 올려 바람과 액운을 막아낸다. 마을 전체의 평화를 염원하는 구조물인 만큼, 방사탑은 대부분 마을 구성원이 공동으로 만든다. 2개의 탑을 마주 세워 남탑과 여탑으로 축조하는 경우가 많다. 형태적으로는 위쪽으로 갈수록 좁아지는 원뿔형이 주를 이룬다.

신흥리방사탑은 제주 방사탑 가운데 구조가 독특한 것으로 알려져 있다. 방사탑이 축조된 장소가 바다 위라는 점도 눈여겨볼 만하다. 방사탑의 형태는 밀물과 썰물에 따

라 다르게 느껴지며, 날씨의 변화에 따라 전혀 다른 분위기를 자아낸다.

1995년 제주특별자치도 민속문화재 제8-10호로 지정된 신흥리방사탑 1호는 남쪽 포구의 암반 위에 세워져 있다. 거친 현무암을 다듬어 축조했는데, 겉은 막돌로 허튼층쌓기를 하고 속은 잡석으로 채운 것이 특징이다. 규모는 하단 지름이 370센티미터, 전체 높이가 245센티미터. 일명 '큰

개탑'으로 불린다. 방사탑의 상단부가 오목한 것은 음(陰)의 특성을 나타내기 위한 방식으로 해석할 수 있다. 북쪽에 위치한 신흥리방사탑 2호는 일명 '오다리탑'으로도 불린다. 1995년 제주특별자치도 민속문화재 제8-11호로 지정되었다. 방사탑의 상단부에는 길쭉한 돌이 세워져 있다. 이는 남쪽의 방사탑과 대비되는 요소이며 양(陽)의 기운을 나타내기 위한 것이다.

섬 속의 섬

THE ISLANDS
IN JEJU ISLAND

우도
Udo

제주의 동쪽 끝에 위치한 우도(牛島)는 제주특별자치도에서 제주 다음으로 큰 섬이다. 오래전부터 사람들이 우도에 오고가기는 했으나 본격적으로 정착해 개간하기 시작한 것은 1843년(헌종 9년) 무렵부터다. 이는 우도에 방목해 키우던 말들을 다른 지역 목장으로 반출한 뒤였다. 우도는 제주특별자치도 우도면에 속해 있으며 4개 행정리(천진리, 서광리,

오봉리, 조일리)로 구성된다. 2017년 집계 기준 1,027세대 1,903명이 거주하고 있다.

우도라는 이름은 지형에서 유래되었다. 섬의 모양이 소가 머리를 내밀고 누워 있는 모습을 닮았다 하여 '소섬' 혹은 '소를 닮은 섬'이라 불린다. 소가 머리를 내민 듯한 부분은 우도 동남쪽의 쇠머리오름(우도봉)이다. 해발 100미터 이상의 쇠머리오름은 수중 화산으로 알려져 있다. 이곳을 기점으로 북쪽은 완만하고 동남쪽은 급경사인 지형 조건을 가졌다. 우도의 지형적, 지리적 조건의 특징을 잘 보여주는 곳이다. 오르기에 어렵지 않은 작고 소박한 오름이지만, 이곳에서 바라보는 제주 본섬의 오름 군락, 우도 주변 마을, 태평양의 풍경은 우도에서만 느낄 수 있는 색다른 감동을 준다. 이곳에는 일제강점기에 축조된 우도등대와 함께 현대식 등대가 설치되어 있다. 이러한 지형적, 지질적 특징 덕분에 우도에는 독특한 해안 경관인 '우도 8경'이 있다. 우도 8경에는 주간명

월(晝間明月), 야항어범(夜航漁帆), 천진관산(天津觀山), 지두청사(地頭靑莎), 전포망도(前浦望島), 후해석벽(後海石壁), 동안경굴(東岸鯨窟), 서빈백사(西濱白沙)가 있다. 간략하게 소개하면 다음과 같다.

주간명월 해식동굴에 떠오르는 대낮의 달 풍경. 우도 남쪽 암벽 광대코지 아래에는 해식동굴이 있다. 오전 10-11시 투명한 바다 위로 햇빛이 눈부시게 쏟아지고, 동굴 안으로 그 빛이 들어와 마치 둥근 달이 떠오르는 듯하다.

야항어범 깊은 밤의 고기잡이배 풍경. 본격적으로 여름이 시작되는 6-7월의 밤에 어선은 무리 지어 조업한다. 한밤중에 어선들이 쏟아내는 불빛은 마치 바다 위에 별꽃이 핀 모습과 같다.

천진관산 천진(天津)에서 감상한 산의 풍경. 우도의 관문인 천진리에서 보이는 한라산은 또 다른 매력을 지닌다.

지두청사 우도의 가장 높은 곳에서 바라보는 푸른 모래 풍경. 쇠머리오름에서 우도 전체를 내려다본 경관이 아름답다.

전포망도 우도 앞바다에서 바라보는 섬 풍경. 제주시 구좌읍 종달리 해안에서 보이는 섬 전체 모습이다. '앞의 포구'를 뜻하는 전포(前浦)는 종달리 일대의 해안을 일컫는다. 우도를 가장 우도답게 느낄 수 있는 장소다.

후해석벽 바다를 등지고 솟은 절벽 풍경. 우도는 북쪽으로 완만한 경사를, 남쪽으로 급격한 경사를 이루고 있다. 해안침식이 심하게 진행되어 높이 20미터, 폭 30미터의 기암괴석이 장관을 이룬다. 바다에서 바라본 쇠머리오름 남쪽 석벽이 절경을 이룬다.

동안경굴 동쪽 해안의 고래동굴 풍경. 우도 영일동에 '콧구멍'이라는 동굴이 있었다. 이중구조의 동굴이라 썰물 때에만 입구가 모습을 드러낸다. 오래전 이곳에 고래가 살았다는 이야기가 전해져 '고래동굴'이라고도 불린다. 동굴 자체도 아름답지만 동굴에서 내다보는 바다 풍경도 아름답다.

서빈백사 서쪽 해안의 백사장 풍경. 하얀 모래밭과 푸른 바다가 조화를 이룬다. 예전에는 산호사해빈으로 알려졌으나, 최근에 홍조단괴해빈(紅藻團塊海濱)임이 밝혀졌다. 우도 홍조단괴해빈은 세계적으로 드물게 나타나며 그 가치가 높아 2004년 천연기념물 제438호로 지정되었다.

우도 8경에서 알 수 있듯 우도는 오름, 바다, 하늘의 풍경이 어우러진 아름다운 섬이다. 우도에는 풍부한 어장과 비옥한 농경지가 있다. 또한 해녀 문화와 밭담, 산담 등 제주 사람들의 삶이 고스란히 남아 있다. 섬으로서 정체성도 유지하고 있다. 그렇기에 흔히 우도를 '제주의 축소판'이라 부른다. 우도는 제주를 닮은, 제주와는 다른 특별한 매력을 지니고 있다.

비양도
Biyangdo

바다 위에 포근하게 솟아 협재해수욕장 풍경을 더욱 아름답게 만드는 비양도(飛揚島). 비양도는 불과 140여 년 전까지만 해도 사람이 살지 않던 섬이었다. 1876년(고종 13년) 서씨가 제일 먼저 입도해 농사를 짓기 시작했다고 전해진다.

비양도라는 지명에 얽힌 전설은 다음과 같다. 1,000여 년 전 제주는 99개 봉우리뿐이라 대국을 형성하지 못했다. 그러던 어느

날 중국에서 1개의 봉우리가 제주를 향해 날아왔다. 그 봉우리가 한림(翰林) 앞바다에 이르렀을 때 굉음에 놀란 어느 여인이 집 밖으로 뛰쳐나왔다. 봉우리가 마을에 부딪힐 것 같자 여인은 "거기 멈춰라!" 하고 소리쳤다. 여인의 외침을 들은 봉우리는 그 자리에 멈춰 섰고 지금의 섬이 되었다. 다소 허무맹랑한 이야기처럼 들리지만 자세히 들여다보면 여기에는 지질과 관련된 정보가 담겨 있다. 우선 99개의 봉우리는 화산 분출로 생성된 오름의 장대한 풍경에 대해 말한다. 먼 곳에서 날아온 1개의 봉우리는 활화산 분출을 의미한다고 해석할 수 있다. 또한 제주 본섬이 한라산에서 비롯되었다면, 비양도는 그 주변의 수많은 오름 가운데 하나인 비양오름일 것이다.

1530년(중종 25년) 편찬된 『신증동국여지승람(新增東國輿地勝覽)』에는 1002년(목종 5년) 고려시대 제주의 화산 분출 기록이 존재한다. 이것으로 보아 1,000여 년 전

까지 한라산이 활화산이었음을 짐작할 수 있다. 그러한 이유로 제주와 인근 섬들은 지질학적 측면에서 중요하다. 특히 비양도 바닷가에서는 다양한 용암류와 화산 분출물을 쉽게 찾아볼 수 있다. 그야말로 '화산 박물관'이다. 한림초등학교 비양분교 근처 해안을 따라 들어가면 '애기 업은 돌'이라는 기암괴석이 나타난다. 이 돌은 아기를 등에 업고 바다를 응시하는 여인의 형상을 닮았다. 그 모습이 애절하고 간절하게 느껴진다. 예로부터 '애기 업은 돌'에 치성을 올리면 아들을 낳는다는 속설도 있다.

비양봉(飛揚峯)도 매우 특이한 지질학적 특성을 갖는다. 비양봉은 2개 분화구로 이루어졌다. 깊이 80미터의 대형 분화구를 '큰암메', 깊이 26.5미터의 소형 분화구를 '족은암메'라 칭한다. 큰암메와 족은암메 사이에는 길이 길게 나 있다. 이는 과거에 대나무를 베어 끌고 내려간 길을 뜻한다. 마을 사람들은 '대나무를 끌어 만들어진 길'이라는 의미로, '대 끄서난 길'이라는 이름을 붙였다. 이처럼 비양도는 대나무가 많아 죽도(竹島)라고도 불린다. 또한 이 섬은 지질학적 가치뿐만 아니라 식물학적으로도 가치가 크다. 비양봉 분화구 주변에는 국내 유일의 비양나무 자생지가 있다. 이곳은 1995년 제주특별자치도 기념물 제48호로 지정해 훼손되지 않도록 관리하고 있다.

비양도는 그리 크지 않은 섬이다. 동서 길이가 1킬로미터, 남북 길이가 1.1킬로미터다. 해발 114미터인 비양봉을 중심으로 남쪽은 비교적 평탄한 지형을 이루고 있으며 북쪽에는 가파른 지형이 나타난다. 이러한 지형 조건 때문에 섬의 남동쪽에는 마을과 포구가 형성되었다. 제주 본섬까지는 수심이 10미터 정도로 얕다. 그렇다 보니 바다 색상이 에메랄드빛으로 더욱 아름답게

느껴진다. 앞에서는 한라산이 거센 바람을 막아주고, 뒤에서는 마을을 등진 비양오름이 바람막이가 되어 준다. 그래서인지 다른 섬보다 풍해가 크지 않은 편이다. 비양도의 경우 경작지가 넓지 않아 주민 대다수가 어업에 종사한다. 지형 조건으로 용천수가 없어 일상생활에 어려움이 많았다고 전해진다. 과거에는 주로 빗물을 저장해 식수로 사용했다. 식수가 공급된 것은 1965년 10월 비양도와 제주방어사령부의 자매결연 사업을 통해 협재리에 해저 파이프를 설치하면서부터다. 개별 가정으로의 식수 공급은 1988년 7월부터 가능해졌다.

비양도는 우도, 가파도, 마라도와 비교하면 상대적으로 방문객이 적은 편이다. 그렇기 때문에 오히려 여유로운 휴식의 공간으로 자리매김하고 있다. 짭조름한 바다 내음, 아름다운 해안 풍경, 사람들의 정겨움으로 가득한 섬. 비양도에 가면 평화로움을 만끽할 수 있을 것이다.

가파도
Gapado

가파도는 제주의 부속 섬 가운데 4번째로 크다. 과거에는 개도(蓋島), 가을파지도(加乙波知島), 개파도(蓋波島) 등으로 불렸다. '더하다'라는 의미의 가(加), '덮는다'라는 의미의 개(蓋)와 '파도'를 뜻하는 파(波)가 중복적으로 사용된 점이 흥미롭다. 이는 '물결이 더해지는 섬' '파도가 덮는 섬'이라는 의미로 해석할 수 있으며, 각 이름마다 섬의 지형적 특성이 담겨 있다.

가파도의 가장 큰 특징은 제주 본섬과 달리 오름이 존재하지 않는다는 점이다. 가파도의 지형은 아주 평탄하며, 평균 해발고도는 19미터다. 섬의 중앙부에 낮은 언덕이 있지만 해안 쪽으로 갈수록 경사가 완만해진다.

한편 제주 본섬에서 상당히 떨어져 있는 가파도의 경우 도민이 어업 활동을 전개하는 데 어려움이 많았다. 가파도 일대 해역에서 거센 기류와 조류가 만나기 때문이다. 예로부터 가파도 인근 바다에서는 외항선의 표류와 난파도 빈번했다. 그중 대표적 사례가 1653년(효종 4년) 8월 제주 근해에 표류한 헨드릭 하멜(Hendrick Hamel)과 관련된 일화다. 여러 가지 정황상 가파도는 네덜란드 선원인 헨드릭 하멜이 처음으로 불시착한 곳이었을 것이라 짐작된다.

가파도의 면적은 25만 평 정도이며, 북쪽의 상동과 남쪽의 하동에 2개 마을로 구성되어 있다. 해안을 따라 큰응진물, 냇골챙이물, 돈물깍 등 용천수가 자리 잡고 있어 제

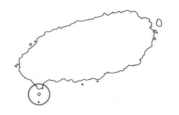

주의 부속 섬 가운데 비교적 식수가 풍족한 편이었다. 가파도의 경우 사람이 살기 이전에는 소와 말을 기르는 목장으로 활용되었다. 이 섬에 마을이 이루어진 것은 170여 년 전 영국 선박의 침입으로 흑우 목장이 폐지된 뒤부터다. 1842년(헌종 8년) 제주목사 이원조가 흑우 약탈을 막으려는 목적으로 제주 도민을 가파도에 입도시켜 개간하는 것을 허가했다.

현재 가파도의 중심 산업은 어업이다. 주 소득원은 소라, 전복, 해삼, 성게, 해조류 등이다. 농업은 부업의 형태로 이루어지고 있다. 주산물은 고구마와 보리다. 특히 청보리 축제는 가파도를 대표하는 문화 행사로 손 꼽힌다. 매년 3-5월에 1개월 동안 진행된다. 제주 본섬의 한라산, 산방산, 송악산 그리고 푸른 바다를 배경으로 넓게 펼쳐진 청보리밭 풍경이 압권이다. 청보리밭의 규모는 18만 평에 이른다. 바닷바람에 물결치는 청보리의 다양한 표정만으로도 이 축제를 방문할 이유가 충분하다.

가파도는 가오리 모양의 작은 섬이다. 그렇기 때문에 각 방향에서 바라보는 해안 풍경이 우도나 비양도와 사뭇 다르다. 가파도의 북쪽으로는 제주 본섬, 남쪽으로는 국내 최남단 섬 마라도가 자리하고 있다. 가파도는 역사적·문화적·지질학적·생물학적으로 가치가 높다. 그러나 현재 각종 개발로 적지 않은 부분이 훼손될 위험에 처했다. 가파도

다운 풍경과 환경을 그대로 유지하기 위해 노력해야 할 시점이다.

가파도의 공간은 크게 풍경자원지역, 생산자원지역, 생활자원지역으로 구분할 수 있다. 풍경자원지역은 해안선으로부터 일정 거리를 확보한 뒤 해당 공간에 인위적 건축물을 짓기보다 원래의 지형과 풍경을 유지한다. 생산자원지역에서는 가파도의 상징인 청보리밭을 비롯해 도민의 다양한 먹거리를 생산한다. 이는 거주민의 생존 문제와 직결되는 자원이기 때문에 최대한 보존해야 한다. 생활자원지역은 도민이 모여 생활하는 공간을 뜻한다. 가파도 사람들의 삶과 문화를 엿볼 수 있다.

가파도다움을 유지하기 위해서는 이 섬의 흔적을 눈여겨보아야 한다. 즉 땅의 흔적, 밭담의 흔적, 건축물의 흔적, 삶의 흔적, 생산 활동의 흔적, 역사와 문화의 흔적 등이 그것이다. 개발을 하더라도 이러한 흔적을 존중하는 자세가 필요하다. 아울러 이 섬을 찾는 방문객은 가파도만의 매력을 제대로 즐겨야 한다. 계절마다 변화하는 청보리밭의 풍경 즐기기, 가파도 사람들의 소박한 생활 모습 즐기기, 바다에서 불어오는 바람 냄새 즐기기 등 다채로운 방법으로 가파도를 경험할 수 있다.

마라도
Marado

마라도(馬羅島)는 서귀포시 대정읍에 속한 섬이며 마라섬, 마래섬으로 불린다. '마라'의 어원은 확실치 않다. 제주 본섬에서 멀리 떨어진 섬으로 오랫동안 무인도였다. 과거 이 섬은 원시림으로 뒤덮여 있었다. 주변 해류가 거세 뱃사람도 쉽게 접근할 수 없었다. 해산물을 채취하기 위해 1년에 한 번 정도 위험을 감수하고 찾아가는 섬이었다. 그렇기 때문에 마라도는 신비의 섬이기도 했다.

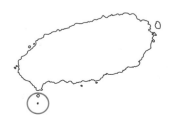

한편 마라도에는 애기업개당 설화가 전해 내려온다. 애기업개는 해녀들이 물질을 할 때 아기를 돌보는 소녀를 뜻한다. 이 설화에는 애기업개의 희생을 통해 힘들고 고달픈 바닷일의 무사 안녕을 소망하는 내용이 담겨 있다. 애기업개당은 '처녀당' '할망당'이라고도 불리는데, 마라도 서북쪽 해안의 암반 위에 있다. 원형으로 돌담을 쌓은 모습이다. 애기업개당 설화는 마라도 사람들의 수호신이자 공동체 정신을 상징한다.

마라도는 1884년(고종 21년) 개척되기 시작했다. 서귀포시 모슬포지역의 김성종, 김우찬, 나찬석, 이달선 등이 입도했다. 대개 이들은 고기잡이로 생계를 이었지만, 포구의 상황이 안정적이지 않아 예상했던 것만큼 어업은 발달하지 못했다. 마라도에서의 생활 방식은 자연스럽게 자급자족형 반농반어(半農半漁) 형태로 발전했다. 어업에는 다소 어려움이 있었지만 토양 상태는 좋은 편이었다. 감자, 고구마, 보리, 유채, 콩 등 다양한 농산물을 재배했다. 하지만 토질만으로 농사가 이루어지는 것은 아니었다. 해풍의 영향으로 수확량은 그다지 높지 않았다. 그러나 마라도 사람들은 마을에 공동 목장을 두어 집집마다 소를 키우며 적극적으로 생산 활동을 전개했다. 1970년대부터는 소라 등을 일본으로 수출하는 일이 활성화되어, 해녀가 차지하는 경제적 활동의 비중이 높아지게 되었다.

마라도는 평지에 가깝다. 하지만 평탄한 지형의 가파도와 비교했을 때는, 소규모 동산과 함께 완만하게 굴곡진 지형을 갖고 있다. 이 섬의 도로는 해안을 따라 형성된 순환 형식의 외부 길과 동서남북으로 가로지르는 '십(十)'자형의 내부 길로 구성되어 있다. 각 필지 규모는 작은 편이며, 필지 형상은 도로와 지형에 따라 달라지는데 전반적으로 장방형이다. 마라도에는 건축물의 수가 많지 않다. 그중 대부분은 서쪽 선착장을 중심으로 집중되어 있다.

마라도는 무형과 유형의 공간 자원이 산재된 섬이다. 공간 자원은 포구와 관련된 것, 시설과 관련된 것, 육상 지명과 관련된 것, 해상 지명과 관련된 것 등으로 구분할 수 있다. 그중에서도 시설과 관련된 마라도의 공간 자원에는 마라도등대와 해수 담수화 시설이 있다.

1915년 3월 마라도등대는 아세틸렌 가스(acetylene gas)를 이용한 무인 등대로

점등을 시작했다. 1955년 5월 유인 등대로 변경되어 오늘날에 이르고 있다. 마라도등대는 10초 주기로 반짝이며 1만 5,000촉광의 강한 빛줄기가 사방을 비춘다. 이 빛은 34킬로미터까지 도달한다. 안개가 자욱한 날에는 소리를 이용해 선박의 안전한 항해를 돕는 시설도 갖추었다. 1988년 마라도등대는 항로표지관리소로 명칭을 변경했다. 해운·항만 시설의 역할 외에도 기상 관측 통보, 수온 측정 등의 업무를 담당하고 있다. 마라도등대는 마라도 중앙의 동쪽 가장 높은 곳에 위치한다.

해수 담수화 시설도 마라도를 대표하는 시설 가운데 하나다. 예로부터 마라도는 물이 귀한 섬이기 때문이다. 입도 초기에는 물을 구하기 어려워 바위 웅덩이에 고인 것을 식수로 마셨을 정도다. 줄곧 공동 우물을 조성해 이용하다가 1970년대에 초가지붕을 슬레이트로 개량하면서 집집마다 봉천수(奉天水, 하늘에서 내리는 비) 저장이 가능한 저수조를 갖추게 되었다. 1990년대 이후에는 대기오염과 기후변화가 심화되었고, 잦은 가뭄이 발생했으며, 마라도를 찾는 방문객 증가로 물 사용량이 급격히 늘었다. 고질적 물 부족 문제를 해결하기 위해 마라도에 해수 담수화 시설 건립이 추진되었다. 이는 2004년 도서지역 식수원 개발 사업의 일환이었다. 그 덕분에 지금은 하루 50톤가량의 물 공급이 가능해지게 되었다.

도대불

제주 신화에는 설문대할망이 등장한다. 이 신화에 따르면 설문대할망은 치마폭으로 흙덩이를 날라 바다 가운데 한라산을 만들었다. 그 산이 너무 높아 봉우리 하나를 꺾어 던지니 산방산이 되었다. 치마에서 떨어진 흙 부스러기는 360여 개의 오름으로 변했다. 바다 위에 외롭게 자리 잡은 섬 제주는 육지에 대한 갈망이 컸다. 설문대할망은 제주 백성에게 명주 100동(5,000필)으로 자신의 속옷을 만들어주면 육지까지 다리를 놓겠다고 약속했다. 하지만 섬사람들은 명주를 99동밖에 모으지 못했고, 설문대할망은 육지와 섬을 연결하는 다리 만들기를 중단했다. 겨우 명주 1동이 모자라 육지로 이어지지 못한 것이다. 이러한 아쉬움과 미련은 제주의 한계로 인식될 수도 있지만, 반대로 섬으로서 의미가 강조된 것이기도 하다.

섬의 자원은 한정적이라 예로부터 제주는 끊임없이 육지와의 교역을 시도할 수밖에 없었다. 해양 교역은 삼국시대부터 활발하게 이루어졌다. 한편 고려시대에 이르러 제주에는 삼별초가 들어왔고, 고려와 원나라 연합군은 일본에 맞서기 위해 제주를 기점으로 삼았다. 이러한 사실을 통해 거센 바다를 다스리는 조선(造船)·항해 기술이 제주에 자연스럽게 전파되었음을 짐작할 수 있다. 이렇게 전해진 해양 기술은 어업 분야에도 다양한 방식으로 응용되었다.

그러나 1629년(인조 7년)부터 1830년(순조 30년)까지 조선시대 제주에는 출륙금지령이 내려졌다. 이는 인적 교류와 문화 단절을 초래했고, 어업 발전에도 막대한 영향을 끼쳤다. 사람들이 육지로 탈출하는 것을 막기 위해 튼튼한 고깃배를 제작하지 못하게 했으며, 먼 해안으로의 고기잡이 활동마저 막았다. 이러한 규제는 조선 기술의 쇠퇴를 가속화했다. 삼나무를 통째로 잘라 엮은

뗏목 '테우'가 증거다. 어업 활동의 영역도
근해 중심으로 축소되었다.

　일제강점기에는 원활한 물자 수송을 위
해 포구 확장이 이루어졌다. 포구의 규모
가 커지자 해양 교역과 어업에도 변화가 일
어나기 시작했다. 그중 등대에 관한 이야기
를 빼놓을 수 없다. 제주와 인근 섬에 건축
된 등대로는 1906년 우도등대, 1915년 마
라도등대, 1916년 산지등대 등이 있다. 이
는 침탈 물자를 실은 일본 선박의 안전한 항
해를 위해 건축된 제국주의의 흔적일 것이
다. 그러나 오랜 세월이 지나면서 등대는 고
유의 기능뿐만 아니라 제주의 문화·역사적
상징으로 자리매김했다. 먼바다까지 강렬한
빛을 보내는 것이 관청 주도로 건축된 현대
식 등대라면, 도대불 혹은 등명대(燈明臺)
는 근해에서 활동하는 제주 어민이 자발적
으로 만들어 관리한 등대다.

　제주의 도대불은 일정한 형태로 규정하
기 어렵다. 지역과 마을에 따라 다양한 모습
으로 나타난다. 어떤 것은 등대 형식을 갖추
었으나, 어떤 것은 방사탑 형태로 지어졌다.
그 밖에 연대의 모양을 변형해 축조한 것도
있다. 각 등명대의 축조 및 활용 방식이 다
르기 때문이다.

　도대불의 형태는 크게 방사탑형, 연대형,
사다리형으로 구분된다. 이 세 가지 형태를
중심으로 점등을 위해 설치된 계단의 유무
에 따라 조금씩 변형된다. 그중에서도 고산
리 도대불은 사다리형으로 본체 아랫부분이
완만한 곡선을 이루는 모양새다. 기단과 본
체를 비롯한 상부 점화 부분의 디자인이 상
당히 절제되어 있다. 고산리 도대불은 비례
감이 훌륭한 등명대로 평가받는다.

　독특한 형태의 민간 등대로 알려진 도대
불은 제주 어업 발달의 역사에서 매우 중요
한 의미를 갖는 건조물이다. 지역 특성을 간
직한 문화재로서의 연구 가치도 크다. 그러
나 현재 제주지역에는 10여 기의 도대불만
이 포구에 초라하게 남아 있다.

마치며
서사적 풍경의 도시와 건축을 향하여

제주라는 섬은 특별한가? 특별하다면 그 까닭은 무엇인가? 이 질문에 대한 답은 다음 글에서 찾을 수 있다. 노벨문학상 수상 작가 장마리 귀스타브 르 클레지오(Jean-Marie Gustave Le Clézio)가 프랑스판《지오 (GEO)》에 쓴 〈제주의 매력에 빠진 르 클레지오〉, 미국 털리도대학교(University of Toledo) 교수 데이비드 네메스(David Nemeth)의 논문집『제주 땅에 새겨진 신유가사상의 자취』가 그것이다.

두 사람의 글에는 제주 땅의 환상적 풍경과 역사적 자취에 대한 묘사가 공존하고 있다. 제주의 특별함을 외국인의 시선으로 잘 표현했다. 이 글을 읽다보면 우리 삶의 무대인 도시, 우리 생활의 터인 건축에 대해 다시 생각하게 된다. 현대에 이르러 제주특별자치도, 국제자유도시를 지향하며 자본 중심으로 개발과 성장을 지속해온 제주 풍경은 가끔 낯설게 느껴질 때가 있다. '제주다운 건축'에 대한 물음이 반복되는 것도 이와 같은 배경 때문이 아닐까.

『제주 속 건축』에서는 제주의 건축물을 지역별로 분류했다. 이는 다시 전통·근대·현대건축으로 구분이 가능하다. 건축물마다 시대 상황을 가미해 제주의 건축이 사회에 어떻게 대응하며 변화했는지 파악할 수 있다. 이 책에 수록된 제주 건축 155선을 살펴보면, 제주의 역사와 문화를 직간접적으로 이해하게 될 것이다. 물론 이 책에 미처 담지 못한 건축물도 있고, 자본주의 개발 논리에 밀려 변형되거나 사라져버린 건축물도 있다. 그럼에도 제주라는 땅은 여전히 매력적이며, 제주 사람들이 구축한 삶의 공간도 곳곳에 남아 있다.

이제는 제주의 도시와 건축, 제주에서의 삶을 천천히 돌아볼 시기다. 빠르게 변화하는 시대 흐름에 따라 새로운 지역성이 무엇인지 다시 논의해야 할 시점이다. 땅의 가치와 문화적 의미를 존중하는 것, 많이 개발하는 것보다 적게 개발하는 것, 생활의 영속성을 확보하는 것, 낡고 오래된 것에서 진정한 의미를 찾는 것, 유형과 무형 자원의 공존을 연구하는 것, 추억과 애정이 담긴 공간을 창출하는 것에 대해 깊은 고민이 필요하다.

제주는 '특별자치도'다. 이러한 제주의 특별함은 궁극적으로 땅에서 비롯된다. 땅이 만든 서사적 풍경에서 제주만의 특별함을 찾아낼 수 있는 것이다. 제주의 전통 가옥뿐만 아니라 현대 건축물 역시 자연스럽게 땅에 동화되어 풍경의 일부로 존재한다. 그렇기 때문에 역사와 문화의 공간이자 삶의 기반인 제주 땅을 단순히 개발 대상으로 바라보아서는 안 된다. 건축물을 보존하거나 신축하기에 앞서, 이익 창출만을 추구하기보다 장기적 발전 가능성까지 고려해야 한다. 이는 기존의 가치에 새로운 가치를 부여하려는 인식 전환에서 시작되어야 한다. 가까운 미래, 서사적 풍경의 도시건축이 제주 땅에 조금씩 자리 잡을 때 삶의 공간은 더욱 다양해지고 한층 매력적으로 다가올 것이다. 이렇듯 특별한 제주의 건축은 지금 새로운 출발점에 서 있다.

제주 건축 도보 여행
추천 코스 8

대정지역 코스

일제강점기, 한국전쟁, 4·3사건 등 제주의 근현대사가 압축되어 있는 대정지역 코스

❶ 제주추사관 ❷ 대정현성 ❸ 대정향교 ❹ 옛 육군 제1훈련소 지휘소 ❺ 옛 해병훈련시설
❻ 남제주 강병대교회 ❼ 대정현역사자료전시관 ❽ 알뜨르비행장 ❾ 환태평양평화소공원

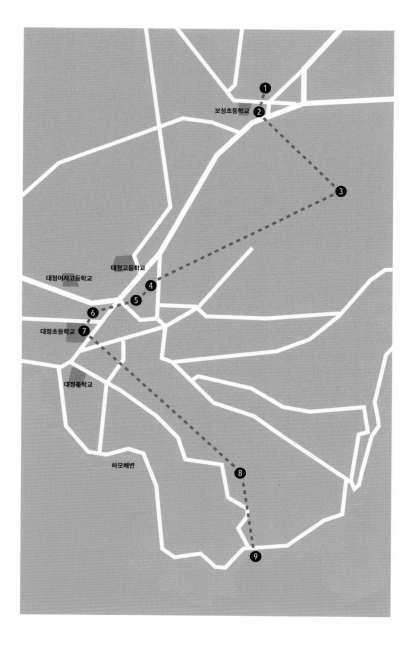

본태박물관 주변 코스

유명 건축가가 설계한 공간에서 예술품을 감상하고 휴식을 즐기는 본태박물관 주변 코스

1 포도호텔 **2** 핀크스 골프클럽 멤버스클럽하우스 **3** 핀크스 골프클럽 퍼블릭클럽하우스
4 방주교회 **5** 본태박물관

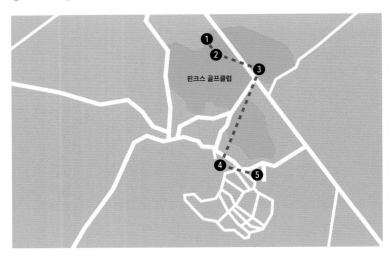

서귀포 도심 코스

문화·예술의 향기와 자취가 느껴지는 서귀포 도심 코스

1 서귀중앙여자중학교 **2** 서귀포기적의도서관 **3** 동명백화점
4 제주올레여행자센터 **5** 서귀포예술의전당 **6** 기당미술관 **7** 서귀포관광극장
8 이중섭미술관 **9** 소암기념관 **10** 왈종미술관 **11** 옛 소라의성

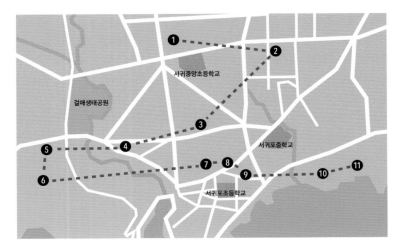

중문관광단지 코스

다양한 건축물이 가득한, 제주 관광의 메카 중문관광단지 코스

❶ 하얏트리젠시제주 ❷ 제주신라호텔 ❸ 테디베어뮤지엄제주 ❹ 플레이케이팝
❺ 제주국제평화센터 ❻ 씨에스호텔&리조트 ❼ 더갤러리 카사델아구아(철거)
❽ 제주부영호텔&리조트 ❾ 제주국제컨벤션센터

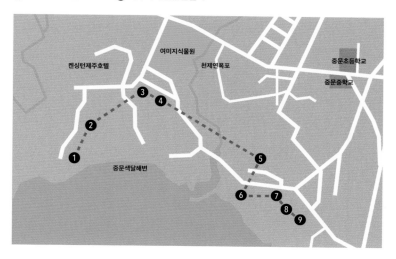

섭지코지 코스

아름다운 해변 풍경과 해외 건축가의 작품이 어우러진 섭지코지 코스

❶ 유민미술관 ❷ 글라스하우스 ❸ 협자연대 ❹ 힐리우스 ❺ 아고라

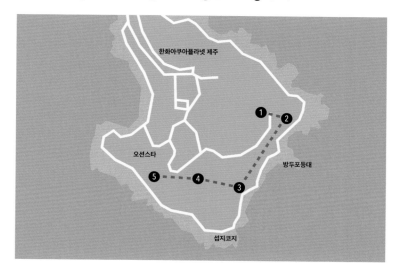

제주 원도심 코스

오래된 미래, 역사의 정취를 느낄 수 있는 제주 원도심 코스

1 제주읍성과 칠성대(▲ 칠성대) **2** 동문시장과 동양극장 **3** 아라리오뮤지엄 동문모텔 2
4 적산가옥(주정공장 사택지) **5** 제주목관아 **6** 관덕정과 광장
7 옛 제주시청(철거) **8** 제주성내교회 **9** 옛 현대극장 **10** 제주화교소학교

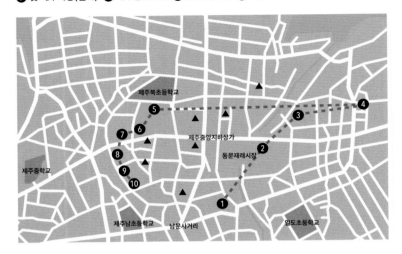

신제주 답사 코스

행정의 중심지 제주특별자치도청이 위치한 신제주 답사 코스

1 제주특별자치도청 **2** 제주특별자치도의회 **3** 제주특별자치도교육청 **4** ZZZ제주흑돼지
5 제원아파트 **6** 보오메꾸뜨르부티크호텔 **7** 제주전문건설회관 **8** 탐라도서관

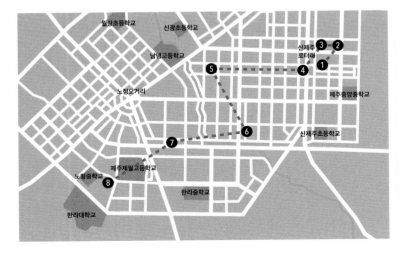

제주시청 주변 코스

주요 관공서와 문화 공간이 밀집한 제주시청 주변 코스

① 제주시청 **②** 제주시청 4별관 **③** 보훈회관 **④** 제주기적의도서관
⑤ 제주특별자치도문예회관 **⑥** 제주특별자치도민속자연사박물관 **⑦** 삼성혈
⑧ 호텔하니크라운 **⑨** 제주시민회관

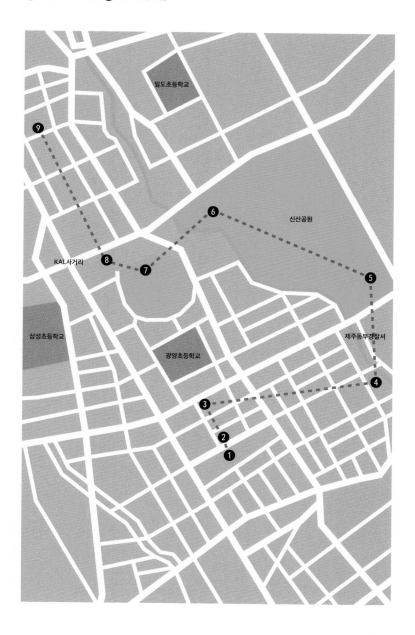

제주 건축 테마별
추천 여행지 8

찾아보기

건축가별 찾아보기

용도별 찾아보기

도판 출처

국립제주박물관
139(1)

김종오(이로재)
42-43, 43(2)

김태일(지은이)
35, 36(1, 2), 37(1, 2), 38(1, 2), 39, 40(2), 41, 44, 47(3), 49, 53, 54, 56-57, 61(1, 2), 62, 63(1, 2), 64(1, 2), 65(1), 68(1, 2), 69, 70(1, 2), 71(1, 2), 74(1, 2), 75, 76(1, 2), 77, 78(1, 2), 79(1, 2), 80(1, 2), 81(1, 2, 3), 82(1, 2, 3), 83(2), 84(1, 2), 85(1, 2), 86-87, 91, 92, 93(1, 2), 94(2), 98(1), 99(1), 100(1, 2), 101(1, 2), 102(2), 103(1, 2), 105(1), 108(1, 2), 109, 110, 115, 117(1, 2), 118, 119, 124, 125(1, 2), 126, 127(1, 2), 128-129, 130-131, 135(1, 2), 136(1, 2), 138(1, 2), 139(2), 140, 141(1, 2), 142, 143(1, 2), 144(1, 2), 145(1, 2), 146(1, 2), 147(1, 2), 148, 149(1, 2), 150, 151(1, 2), 152-153, 153(2, 3), 154, 155(1, 2), 156-157, 158(1, 2), 159, 162, 163(1, 2), 164(1, 2), 165, 166(1, 2), 167(1, 2), 168, 169(1, 2), 170(1, 2), 171, 172, 173(1, 2), 174, 176(1, 2), 177(1, 2, 3), 178(1, 2), 179(2), 180, 181(2), 182, 183, 184, 185(1, 2), 186-187, 193(1, 2), 194, 195(1, 2), 196(1, 2), 197, 198(1, 2, 3), 199(1, 2), 200(1, 2, 3), 201(1, 2), 202(1, 2), 203(1, 2), 204-205, 210, 211(2), 212, 213(1, 2), 216-217

명필름
95(2, 3)

보양종합건설
123(1, 2, 3)

본태박물관
52

서귀포시 체육진흥과
67(1, 2)

세인트포골프&리조트
122

아모레퍼시픽 오설록
45, 46

왈종미술관
73(1, 2)

윤준환
96-97, 104(1, 2), 156(2), 160-161, 161(2), 175(1, 2)

이나미 히로시
55(2)

이니스프리
47(1, 2, 4)

이중섭미술관
72